JN014301

# APEF

新訂版

# 仏検
## 公式基本語辞典
### 3級・4級・5級

公益財団法人 **フランス語教育振興協会** ＊編

編集責任者＊**北村 卓**

朝日出版社

# まえがき

　この『仏検公式基本語辞典 3級・4級・5級』は、文部科学省後援実用フランス語技能検定試験（通称「仏検」）の3級、4級、5級の試験で過去に使用された単語を中心に編纂されています。羽賀賢二先生が中心となり2009年に刊行された初版では、3級750語、4級370語、5級550語の計1670語を収録していましたが、今回の改訂においては、3級760語、4級400語、5級560語の計1720語を収録いたしました。収録語数を50増やすとともに、各級に配分する単語も再検討を行い、一部を変更しました。フランス語例文についても、追加した語彙に応じて新しく作成したのはもちろんのこと、従来の例文もよりふさわしいものにすべく、全体にわたって見直しを行いました。

　さらに、1990年にアカデミー・フランセーズによって承認され、2016年度からは学校の教育現場でも採用されつつある「新綴り」nouvelle orthographe をこの新訂版では併記しています。現在のところ仏検の問題は従来の綴り字で作成されていますが、ホームページにも記載している通り、かねてより仏検では、3級以上の記述式解答において「新綴り」で書かれたものも正解としてきました。今後さらにこの「新綴り」は広がっていくものと考えられます。初版刊行からおよそ10年が経過しており、その間、日常生活から、政治、経済、国際関係に至るまで、社会の情勢は大きく変化いたしました。今回の改訂はまさにこうした時代の要請に応えるという観点からなされています。

　仏検は1981年に1級、2級、3級の3つのレベルで発足しました。4級は1985年、5級は1994年に（準1級とともに）新設されたレベルです（準2級は2006年に新設）。すでに長い歴史をもっていますから、3級、4級、5級だけでも、試験問題のコーパスはかなり膨大なものになります。それゆえ、それぞれの単語の各級への配分は十分な妥当性をもつと言えるでしょう。

　外国語学習において、そのときどきに応じて要求されるさまざまな表現を獲得していくためには、たんに個々の表現を覚えるだけではなく、その言語の文法的仕組みを理解し、同時に語彙も増やして

いかなければなりません。私たちが日常使用する語彙は、状況によって多様に変化します。したがってこの単語は初級、この単語は中級あるいは上級と決めつけることはできません。とはいえ、学習の進度に合わせるため、一般には使用頻度などを基準にして語彙のランクづけが行われています。仏検の場合も同様です。

本書に収められた単語には、原則としてそれが配分されている級にふさわしいレベルの日常的な例文を添えてあります。フランス語の能力を全体的に押し上げるには、単語だけを個別に覚えるのではなく、その単語を使用する文のなかで理解し、身に着けていく必要があります。そのような使用目的にもこの辞典は対応できるよう作られています。仏検合格を目指すツールとしてだけでなく、日ごろの学習の補助教材としてつねに座右に置き、おおいに活用していただければ幸いです。

仏検3・4・5級の問題に出てくる単語の範囲は、基本的にこの辞典における分類に対応しています。しかしながら、本書に収録されていない語が3級の問題に出てきたり、あるいは3級に分類されている単語が4級の問題に、4級に分類されている単語が5級の問題に顔を出す、というケースもありえなくはありません。その場合は、仏検の問題作成委員会が慎重に検討した結果であるとご理解ください。受験者に不利にならないような配慮が必ずなされています。


初版の際には、ロドルフ・ディオ先生が全編にわたりていねいに目を通してくださいました。そして今回は、ヴァンサン・ブランクール先生に、とりわけ追加・変更したフランス語例文を中心に入念な校閲をしていただきました。さらに録音の際には、クレール・ルヌール先生からも貴重なご助言を頂戴しました。

なお、初版の刊行におきましては、朝日出版社の藤野昭雄、河合美和、鶴川陽子のお三方に終始お世話になりましたが、この改訂にあたりましては、とりわけ石井真奈さんに一方ならぬご苦労をおかけしました。期して深く感謝申し上げます。


公益財団法人フランス語教育振興協会（APEF）

# 目　次

まえがき

この基本語辞典の使い方

【音声について】

本書に掲載されております「見出し語→例文」を吹き込んだ音声をご用意しております。(動詞活用表を除く)

音声は1トラック(ファイル)・1ページで収められており、各ページ上部に「♪ 000」と表記してあります。最初の見出し語から順番に音声が収録されています。本文中の「♪」マークは、この見出し語から音声が始まっていることを示しています。

パソコン・スマートフォン・タブレット端末をお持ちの方は,下記URLより音声(mp3ファイル)ダウンロードサービスをご利用ください。

http://audiobook.jp/exchange/asahipress

音声ダウンロード用のコード番号【01204】

※ audiobook.jp への会員登録(無料)が必要です。

　すでにアカウントをお持ちの方はログインしてください。

ダウンロード以外の形式をご希望の方はタイトル欄に【仏検公式基本語辞典音声について】と明記の上、下記までお問合せください。

朝日出版社 第一編集部(euk@asahipress.com)

イラスト／渡辺絵美、メディア・アート

## この基本語辞典の使い方

### 1 見出し語

❶ この基本語辞典の中の語は3つのレベルに分けて表示されています。

5級

もっとも基本的な第1レベルは実用フランス語技能検定試験（仏検）5級に対応しており，次のように赤の網掛けで表示してあります。

**à** [a ア] 前置詞 (p.1)

語数は560語です。

4級

第2レベルは仏検4級に対応しており，次のように赤色で表示してあります。

**accident** [aksidã アクスィダン] 男性名詞 (p.2)

語数は400語です。

3級

第3レベルは仏検3級に対応しており，次のように，黒色で表示してあります。

**abandonner** [abãdɔne アバンドネ] 他動詞 活用1 (p.2)

語数は760語です。

❷ おなじ見出し語で，いくつかの意味や用法がある場合，そのレベルの違いは次のように表記してあります。

**alors** [alɔr アロる] (p.9)

**1)** 間投詞 それじゃあ

Elle n'est pas là ? Alors, partons sans elle.
彼女いないの？ じゃあ，おいて行こう.

**2)** 副詞 その時

J'avais alors douze ans. 当時私は12才でした.

上の例では，1) の間投詞としての用法が仏検5級レベル，2) の副詞としての用法が仏検4級レベルであることを示します.

❸ アカデミー・フランセーズに承認され，2016年度からは学校教育でも用いられている新綴りを，( ) の形で見出し語に併記しています.

**août (aout)** [u(t) ウ(トゥ)] 男性名詞 (p.13)

8月

**oignon (ognon)** [ɔɲɔ̃ オニョン] **男性名詞** (p.196)

タマネギ

## 2 用例

各見出し語の用例では、原則として：

第1レベルでは、5級に属する語が使用されています。

第2レベルでは、5級と4級に属する語が使用されています。

第3レベルでは、5級，4級，3級に属する語が使用されています。

文法的にも，各級のレベルにあったものにしてあります。

## 3 名詞の性と数

❶ 名詞の性は **男性名詞** あるいは **女性名詞** と表示してあります。

❷ 複数形は原則として -s を加えて作ります。

単数形が -s, -x, -z で終わるものはそのまま複数形になります。

それ以外の不規則な複数形は表記されています。

❸ 単に **名詞** と表記してある

**ami, amie** [ami アミ] **名詞** (p.10)

のような場合は，ami が男性名詞，amie が女性名詞であることを示します。

**camarade** [kamarad カマラドゥ] **名詞** (p.41)

のような表示の場合は，この語が男性名詞にも女性名詞にも使われることを示します。

## 4 形容詞の性と数

❶ 見出しに男性単数形と女性単数形を併記してあります。

**agréable** [agreabl アグれアブル ] **形容詞** (p.6)

のように，男性単数形が −e で終わるものは，女性単数形も同形です。

❷ 複数形は男性形，女性形とも，それぞれ単数形に −s を加えて作ります。

単数形が -s, -x で終わるものはそのまま複数形になります。

不規則なものは表記されています。

## 5 動詞の活用

見出し語の動詞の活用形は **活用1** のような形で表示してあります。巻末の動詞活用表（p.305 ～）の当該番号を見てください。

またむずかしい活用をする動詞の変化形の語幹と不定詞の表を加えてあります（p.322）。

### 6 発音の表記

**発音記号とカタカナ表記**

この辞典では，すべての見出し語の発音を発音記号（国際音標文字）と
カタカナで示してあります。

カタカナ表記はあくまでも近似的なものですから，発音記号に慣れるよ
うにしてください。

❶ [r] の音はひらがなの「ら」行を使って表示してあります。

**raconter** [rakɔ̃te らコンテ] (p.238)

❷ 発音のカタカナ表記に長音を示す「ー」（音引き）を入れていません。

**table** [tabl タブル] (p.272)

アクセントの位置の母音は一般に少し長く発音されるので，上の例で
は，「ターブル」と発音してもかまいません。

❸ [ka] および [kɑ̃] は，それぞれ「カ」および「カン」と表記してあ
りますが，「キャ」および「キャン」と発音されることもあります。

**café** [kafe カフェ] (p.41)

**quinze** [kɛ̃z カンズ] (p.236)

上の例では「キャフェ」「キャンズ」と発音してもかまいません。

❹「有音の h」については

**huit** [ɥit ユイトゥ] (hは有音) 数詞 (p.136)

のように指示してあります。

指示のないものは「無音の h」です。

❺

**le, la, les** [lə, la, le ル, ラ, レ]
(le,laは母音の前でl') 定冠詞 (p.156)

上の例における「le, la は母音の前で l'」という指示は，詳しく言う
と「le と la は，<u>母音字ならびに無音の h で始まる語の前では l'</u> と
なる」ということを簡便に表記したものです。

### 7 絵で見る関連語

数詞など，まとめて学習する方が効率的なものや，イラスト化すれば一
目瞭然となるものについて，差し込み記事の形で入れてあります。

これら差し込み記事には，この辞典に採録されていない語も加えてあり
ます。

### 8 音声について

本書に収録されているすべての見出し語と例文のフランス語，および
「絵で見る関連語」については，音声（mp3 ファイル）をダウンロード
することができます。見出し語と例文については，まず辞典を開き，フ

ランス語の音声を聴きながら語や文を理解し，さらに自分の声で発音してみましょう。言葉を音声とともに具体的な例文のなかで理解することは，語学学習でとても大切なポイントです。

また「絵で見る関連語」には，フランス語の単語とともにその日本語訳の音声も吹き込まれています。耳で何度も聞き，反復練習を重ねることで，日常生活において使用頻度の高い基本的な名詞を自然に覚えることができます。おおいに活用してください。

# A

### à [a ア] [前置詞]

① [場所，方向，位置] …で，…へ，…に

Je vais à Paris. 　　　私はパリに行きます.

Tournez à gauche. 　左に曲がりなさい.

Cette ville est au nord de Paris.
その町はパリの北にある.

② [時刻] …に

Tu pars à quelle heure ? 　君は何時に出かけますか？

Je me lève à sept heures. 　私は7時に起きます.

③ [対象] …に

Je voudrais parler à monsieur Dubois, s'il vous
plaît. 　デュボワさんにお話ししたいのですが.

④ [手段] …で

Je regarde souvent les matchs de foot à la télé.
よくテレビでサッカーの試合を見ます.

⑤ [特徴] …の入った，…を持った

Je prends du café au lait.
私はカフェオレを飲みます.

⑥ [所属] …のもの

Ce livre est à toi ? この本は君のですか？

⑦ 〈à＋[不定詞]〉…すべき，…するための

chambre à coucher 寝室
une lettre à écrire 書かなければならない手紙

> **注意**：次に定冠詞の le および les がくると縮約してそれぞれ
> au および aux となる.
> Je vais au cinéma. 私は映画に行く.
> Mon père est aux États-Unis.
> 父はアメリカ合衆国にいます.

**A**

## a → avoir

**abandonner** [abɑ̃dɔne アバンドネ] [他動詞] [活用1] ♪

捨てる，放棄する，諦める

Beaucoup de jeunes abandonnent la campagne.

多くの若者が田舎を離れている．

**absence** [apsɑ̃s アプサンス] [女性名詞]

欠席，不在

Quelqu'un est venu pendant mon absence ?

私の留守中に誰か来ましたか？

**absent, absente** [apsɑ̃, apsɑ̃t アプサン, アプサントゥ] [形容詞]

不在の，欠席した

Elle est absente de Paris pour le moment.

彼女は今パリにおりません．

**absolument** [apsɔlymɑ̃ アプソリュマン] [副詞]

絶対に，まったく

C'est absolument faux.

それはまったく間違いだ．

**accepter** [aksɛpte アクセプテ] [他動詞] [活用1]

受け入れる，受諾する

Nous acceptons votre invitation.

あなたのご招待をお受けします．

**accident** [aksidɑ̃ アクスィダン] [男性名詞]

事故

Il y a eu un accident de voiture devant la maison.

家の前で自動車事故があった．

**accompagner** [akɔ̃paɲe アコンパニェ] [他動詞] [活用1]

一緒に行く，来る

Tu m'accompagnes ?

私について来るかい？

## accord → d'accord

**achat** [aʃa アシャ] **[男性名詞]** ♪

購入，買い物

Je vais faire des achats. 私は買い物に行きます。

## acheter [aʃte アシュテ] **[他動詞]** **[活用4]**

買う

Elle achète de la viande.
彼女は肉を買います。

**反対語 ➡ vendre**

**acte** [akt アクトゥ] **[男性名詞]**

行為

Vous êtes responsables de vos actes.
君たちは自分の行為に責任がある。

**acteur, actrice** [aktœr, aktris アクトゥる，アクトゥりス] **[名詞]**

俳優，女優

C'est un acteur américain.
あの男性はアメリカ人の俳優です。

**action** [aksjɔ̃ アクスィヨン] **[女性名詞]**

行動，運動，作用

Tu as fait une bonne action. 君はよいことをしたね。

**actuel, actuelle** [aktɥɛl アクテュエル] **[形容詞]**

現在の，実際の

À l'heure actuelle, il doit être à Londres.
今，彼はロンドンにいるはずです。

## addition [adisjɔ̃ アディスィヨン] **[女性名詞]**

(飲食店などの) 勘定

L'addition, s'il vous plaît. お勘定，お願いします。

♪004

## admirer [admire アドミれ] 他動詞 活用1

感心する，称賛する

Tout le monde admire ton courage.
みんなが君の勇気に感心している.

## adorer [adɔre アドれ] 他動詞 活用1

大好きである，熱愛する

Tu aimes le chocolat ? — Oui, j'adore ça.
チョコレートは好きですか? — はい，大好きです.

## adresse [adres アドゥれス] 女性名詞

住所，メールアドレス

Tu as l'adresse de Paul ?
ポールの住所を知っていますか?

## aéroport [aerɔpɔr アエろポる] 男性名詞

空港

Combien de temps faut-il pour aller à l'aéroport ?
空港までどのくらい時間がかかりますか?

## affaire [afer アフェる] 女性名詞

① ことがら，問題，用事

C'est mon affaire. これは私の問題です.

② (複数で) ビジネス

homme d'affaires ビジネスマン

③ (複数で) 身の回りの品

Ne laisse pas tes affaires ici.
持ち物をここに置き忘れないように.

## africain, africaine [afrikɛ̃, afrikɛn アフリカン, アフリケヌ] 形容詞

アフリカの，アフリカ人の

Nous aimons les danses africaines.
私たちはアフリカの舞踊が好きです.

**A**

### Africain, Africaine 名詞

アフリカ人

### Afrique (l') [afrik アフリク] 固有名詞・女性

アフリカ

Nous avons fait un voyage en Afrique du Nord.
私たちは北アフリカを旅行した.

### âge [ɑʒ アジュ] 男性名詞

年齢, 時代

Quel âge a-t-il ?　— Il a vingt-cinq ans.
彼はいくつですか?　— 25才です

### âgé, âgée [ɑʒe アジェ] 形容詞

年をとった

Elle est moins âgée que moi.　彼女は私より年下です.

反対語 ➡ jeune

［注意：vieux, vieille よりていねいな語］

### agent [aʒɑ̃ アジャン] 男性名詞

警官, 代理人

agent de police　警官

### agir [aʒir アジる] 自動詞 活用13

振舞う, 行動する

Tu dois réfléchir avant d'agir.
行動に移す前によく考えなくてはいけないよ.

### s'agir 代名動詞

〈Il s'agit de +名詞 / 不定詞〉非人称

問題は…だ, …が重要だ

De quoi s'agit-il ?　どうしたんですか?

**A**

**agréable** [agreabl アグれアブル ] 形容詞

心地よい, 快適な

Le printemps est la saison la plus agréable de
l'année. 春は 1 年で最も気持ちのよい季節です.

**agriculture** [agrikyltyr アグりキュルテュる] 女性名詞

農業

## ah [ɑ ア] 間投詞

ああ！ (喜び, 苦しみ, 驚きなど)

Ah ! C'est toi, Paul.
おや！ あなたなの, ポール.

Ah oui, c'est une bonne idée.
ああ, それはいい考えだ.

## ai → avoir

**aide** [ɛd エドゥ] 女性名詞

援助, 手助け

Je lui ai offert mon aide. 私は彼 (彼女) に援助を申し出た.

**aider** [ede エデ] 他動詞 活用1

手伝う, 援助する

Je peux vous aider ? お手伝いしましょうか?

## aie → avoir

**aïe** [aj アイ] 間投詞

痛い！ [身体的痛みを表す]

**ailleurs** [ajœr アイゥる] 副詞

別の場所で

Il y a trop de monde ici, allons ailleurs.
ここは人が多すぎる, 他の所へ行きましょう.

**aimable** [ɛmabl エマブル] 形容詞

親切な

Elle est aimable avec tout le monde.
彼女は誰にでも親切です.

**aimer** [eme エメ] 他動詞 活用1

① 〈＋名詞〉…を愛する，好む

J'aime la musique française.
私はフランス音楽が好きだ.

② 〈＋不定詞〉…することを好む

Ma mère aime jouer avec son chien.
母は犬と遊ぶのが好きです.

③ 〈J'aimerais / Nous aimerions ＋不定詞〉

できれば…したいのですが. (仮定的願望を表す)

J'aimerais bien visiter le Japon.
日本を訪れてみたいものだ.

**ainsi** [ɛ̃si アンスィ] 副詞

このように，そのように

Ne me regarde pas ainsi. そんなふうに私を見ないで.

**air** [ɛr エる] 男性名詞

① 空気，微風

Il y a un peu d'air aujourd'hui.
今日は少し風がある.

② 〈avoir l'air ＋形容詞〉(人，ものの様子が) …のようだ

Elle a l'air contente.
彼女はうれしそうだ.

注意：形容詞は一般に主語の性数に一致させる.

♪008

**ajouter** [aʒute アジュテ] 他動詞 活用1

加える

Ajoutez un peu de sel dans la soupe.
スープに塩を少量加えてください.

## Allemagne (l') [almaɲ アルマーニュ] 固有名詞・女性

ドイツ

La ville se trouve à l'ouest de l'Allemagne.
その町はドイツの西部にあります.

## allemand, allemande [almɑ̃, almɑ̃d アルマン, アルマンドゥ]
形容詞

ドイツの, ドイツ語の, ドイツ人の

Il lit un journal allemand.
彼はドイツ (語) の新聞を読んでいる.

## Allemand, Allemande 名詞

ドイツ人

## allemand 男性名詞

ドイツ語

## aller [ale アレ]

1) 自動詞 活用12 (助動詞は être)

① 行く

Vous allez où ?　　　— Je vais à Osaka.
どこに行くのですか.　　— 大阪に行きます.

② 〈aller bien〉元気である

Comment vont vos parents ?
— Ils vont très bien, merci.
ご両親はお元気ですか?
— ありがとうございます, とても元気です.

③ 〈+ 不定詞 〉

(1) ～するところだ [近接未来]

Le train va arriver. 列車はまもなく到着します.

**(2) ～しに行く[目的]**

Maman, je peux aller jouer dehors ?

ママ, 外に遊びに行ってもいい?

④ (à + 人／物) …に似合う.

La robe va bien à Marie.

あのドレスはマリーにとても似合う.

⑤ (à + 人) …に都合がいい, 気に入る.

Demain à trois heures, ça te va ? — Oui, ça me va.

明日3時でどう?　　　　　　　— うん, いいよ.

**2)** 男性名詞 行きの切符

Deux allers pour Paris, s'il vous plaît.

パリ行きの切符を2枚ください.

## allô (allo) [alo アロ] 間投詞 ♪

もしもし[電話で用いる]

Allô, Paul ? C'est moi, Michèle.

もしもしポール? 私, ミシェルよ.

## allumer [alyme アリュメ] 他動詞 活用1

火をつける, 点灯する, スイッチを入れる

Allume la télé, s'il te plaît. テレビをつけてくれないか.

## alors [alɔr アロる]

**1)** 間投詞 それじゃあ

Elle n'est pas là ? Alors, partons sans elle.

彼女いないの? じゃあ, おいて行こう.

**2)** 副詞 その時

J'avais alors douze ans. 当時私は12才でした.

**Alpes (les)** [alp アルプ] 固有名詞・女性複数

アルプス山脈

**amener** [am(ə)ne アムネ] 他動詞 活用4

連れて来る，連れて行く

Hier, il a amené son fils chez moi.
きのう彼は息子を私の家に連れて来た.

**amer, amère** [amɛr アメる] 形容詞

にがい

Ce fruit est amer. この実はにがい.

## américain, américaine

[amerikɛ̃, ameriken アメリカン, アメリケヌ] 形容詞

アメリカの，アメリカ人の，米語の

Ce sont des étudiants américains.
こちらの方々はアメリカ人の学生です.

## Américain, Américaine 名詞

アメリカ人

C'est un Américain. この方はアメリカ人です.

## Amérique (l') [amerik アメリク] 固有名詞・女性

アメリカ（大陸）

l'Amérique du Nord / du Sud 北米 / 南米

[ 注意：アメリカ合衆国は les États-Unis ]

## ami, amie [ami アミ] 名詞

ともだち，友人

C'est Akira, un ami japonais.
これはアキラ君，日本人の友だちです.

**amitié** [amitje アミティエ] 女性名詞

友情，（複数で）親愛の言葉・挨拶

Mes amitiés à votre femme. 奥様によろしく.

**amour** [amur アムゥる] 男性名詞

愛情，愛着

J'ai l'amour de mon métier.
私は自分の仕事を愛している.

**amusant, amusante**

[amyzã, amyzãt アミュザン, アミュザントゥ] 形容詞

楽しい，面白い

C'est une histoire amusante.
それは面白い話です.

**amuser** [amyze アミュゼ] 他動詞 活用1

喜ばせる

La grand-mère amuse son petit-fils avec un jouet.
おばあさんは孫をおもちゃで遊ばせている.

**s'amuser** 代名動詞

楽しむ

Nous nous sommes bien amusés. 十分楽しみました.

**an** [ã アン] 男性名詞

① 年

J'habite ici depuis trois ans.
私はここに3年前から住んでいる.

② …才

〈avoir ＋ 数詞 ＋ an(s)〉 …才である

Paul a quel âge ? — Il a vingt-trois ans.
ポールは何才ですか. — 彼は23才です.

**ancien, ancienne** [ɑ̃sjɛ̃, ɑ̃sjɛn アンスィアン, アンスィエヌ] 形容詞

古い, 旧…, 元…

C'est la plus ancienne église de ce pays.
これはこの国で一番古い教会です.

## anglais, anglaise [ɑ̃glɛ, ɑ̃glɛz アングレ, アングレズ] 形容詞

イギリスの, イングランドの, イギリス人の, 英語の

J'ai des amis anglais.
私にはイギリス人の友達がいます.

## Anglais, Anglaise 名詞

イギリス人

## anglais 男性名詞

英語

On ne parle pas l'anglais là-bas ?
そこでは英語が通じないのですか?

## Angleterre (l') [ɑ̃glətɛr アングルテる] 固有名詞・女性

イギリス, イングランド

Mon frère va en Angleterre.
私の兄 (弟) は英国に行きます.

## animal [animal アニマル] (複数animaux) 男性名詞

動物

Vous n'aimez pas les animaux ? 動物は嫌いですか?

## année [ane アネ] 女性名詞

年, 学年

Vous voyagez toute l'année ?
1年中旅行されているのですか?

Ma sœur est en troisième année.
姉 (妹) は3年生です.

**Bonne année !**                     新年おめでとう!

cette année 今年
l'année prochaine / dernière 来年 / 去年

**anniversaire** [aniverser アニヴェるセる] 男性名詞 ♪

記念日, 誕生日

**Joyeux anniversaire !** 誕生日おめでとう!

**annoncer** [anɔ̃se アノンセ] 他動詞 活用2

知らせる

Tu dois leur annoncer cette nouvelle.
君は彼らにこのニュースを知らせるべきだよ.

**août (aout)** [u(t) ウ(トゥ)] 男性名詞

8月

Je prends mes vacances en août.
私は8月にバカンスを取ります.

**apercevoir** [apersəvwar アペるスヴワる] 他動詞 活用24

見かける

J'ai aperçu ton père à la gare.
駅で君のお父さんを見かけたよ.

**appareil** [aparej アパれイユ] 男性名詞

器具, 装置, 電話機

appareil(-)photo カメラ

Qui est à l'appareil ? (電話で)どちら様ですか?

**appartement** [apartəmã アパるトゥマン] 男性名詞

アパルトマン, マンション

Elle cherche un appartement près d'ici.
彼女はこの近所にアパルトマンをさがしている.

**A**

## appeler [aple アプレ] 他動詞 活用5

呼ぶ，電話する

Appelle les enfants. 子どもたちを呼んで.

### s'appeler 代名動詞

〜という名前である

Vous vous appelez comment ?
— Je m'appelle Françoise Martin.
お名前は何とおっしゃるのですか？
— フランソワーズ・マルタンと申します.

## appétit [apeti アペティ] 男性名詞

食欲

**Bon appétit !** いただきましょう！

## apporter [apɔrte アポるテ] 他動詞 活用1

持ってくる，持って行く

Apportez-moi une bouteille d'eau minérale.
ミネラルウォーターを1本持ってきて下さい.

## apprendre [aprɑ̃dr アプらンドゥる] 他動詞 活用44

学ぶ

Elle apprend le japonais depuis un an.
彼女は1年前から日本語を勉強している.

## approcher (s') [aprɔʃe アプろシェ] 代名動詞 活用1

(de…)…に近づく

Elle s'est approchée de la fenêtre.
彼女は窓に近づいた.

## appuyer [apɥije アピュイィエ] 自動詞 活用9

(sur…)…を押す

Pour appeler l'ascenseur, il faut appuyer sur ce bouton.
エレベーターを呼ぶには，このボタンを押すこと.

## après [aprɛ アプれ]

1) 前置詞

① [時間] …の後で

Après la classe, nous faisons du tennis.
私たちは授業の後でテニスをします.

② [場所] …の後方に

L'hôpital est juste après la poste.
病院は郵便局のすぐ先です.

③ [順序] …の後に

Après vous, madame. お先にどうぞ.

2) 副詞 後で

Après, on va dîner au restaurant.
その後, レストランで夕食を食べます.

Et après ? それから? だから何?

deux jours après 2日後に (過去・未来のある時点から)

## après-demain [apred(ə)mɛ̃ アプれドゥマン] 男性名詞

あさって, 明後日

## après-midi [apremidi アプれミディ] 男性名詞

午後

Tu pars cet après-midi ?
君は今日の午後に出発するの?

## arbre [arbr アるブる] 男性名詞

木

Il y a un grand arbre dans le jardin.
庭には大きな木が1本ある.

## argent [arʒɑ̃ アるジャン] 男性名詞

お金

Tu as de l'argent ? お金を持っている?

**arme** [arm アるム] 女性名詞

武器, 兵器

Aux armes, citoyens !

武器を取れ, 市民たちよ. (フランス国歌の一節)

**arranger** [arɑ̃ʒe アらンジェ] 他動詞 活用3

整える

Elle arrange des fleurs. 彼女は花を生けている.

**arrêt** [arɛ アれ] 男性名詞

バス停

Où est l'arrêt d'autobus, s'il vous plaît ?

すみません, バス停はどこにありますか?

**arrêter** [arete アれテ] 他動詞 活用1

やめる, 止める

Nous avons arrêté la promenade.

私たちは散歩をやめた.

**s'arrêter** 代名動詞

止まる, 休む

Je suis fatigué. On s'arrête ?

私は疲れました. 休みませんか?

**arrière** [arjɛr アりエる] 男性名詞・副詞

後ろ, 後ろに

Il a fait un pas **en arrière**. 彼は一歩後ろにさがった.

**arrivée** [arive アりヴェ] 女性名詞

到着

Nous attendons l'arrivée du printemps.

私たちは春が来るのを待っています.

反対語 ➡ départ

**arriver** [arive アリヴェ] [自動詞] [活用1] (助動詞はêtre)

① 着く

Le train arrive à Paris à 11h 40.
列車はパリに 11 時 40 分に到着する.

反対語 ➡ partir

J'arrive !
(人に呼ばれて) すぐ行きます.

② (ものごとが) 起きる, 発生する

Qu'est-ce qui est arrivé ? 何が起きたのですか?

**art** [ar アる] [男性名詞]

① 芸術, 美術, アート

beaux-arts 美術

② 技術, こつ, テクニック

**article** [artikl アるティクル] [男性名詞]

① (新聞, 雑誌の) 記事

J'ai lu un article sur ce film.
その映画に関する記事を読みました.

② 品物, 商品

articles de voyage 旅行用品

**artiste** [artist アるティストゥ] [名詞]

アーティスト, 芸術家

**as → avoir**

**ascenseur** [asɑ̃sœr アサンスる] [男性名詞]

エレベーター

Prenez cet ascenseur pour monter.
上の階へはこのエレベーターをご利用ください.

**asiatique** [azjatik アズィアティク] 形容詞

アジアの，アジア人の

**Asiatique** 名詞

アジア人

**Asie (l')** [azi アズィ] 固有名詞・女性

アジア

**assemblée** [asɑ̃ble アサンブレ] 女性名詞

会議，議会

l'Assemblée nationale　国民議会 (フランス下院)

## asseoir (s') (assoir (s')) [aswar アスワる]

代名動詞 活用49

椅子にかける，座る，席に着く

Asseyez-vous.　どうぞおかけください.

## assez [ase アセ] 副詞

① かなり，十分に

L'appartement est assez grand pour nous.
そのアパルトマンは私たちには十分広い.

② 〈～ de + 名詞〉十分な…

J'ai assez d'argent.　私は十分なお金を持っています.

**assiette** [asjɛt アスィエトゥ] 女性名詞

皿，(一皿分の) 料理

Finis ton assiette.　全部食べてしまいなさい.

**assis, assise** [asi, asiz アスィ, アスィズ] 形容詞

座った，椅子にかけた

Elle était assise sur une chaise.
彼女は椅子に座っていました.

**assister** [asiste アスィステ] [自動詞] [活用1]

(…à) …に出席する

Tu assisteras à la soirée ?
あなたはパーティーに出る？

**assurer** [asyre アスュれ] [他動詞] [活用1]

保証する，断言する

C'est vrai ?　　　— Oui, je t'assure.
それは本当かい？　— ああ，保証するよ.

**attacher** [ataʃe アタシェ] [他動詞] [活用1]

留める，結ぶ

Il faut attacher sa ceinture dans la voiture.
車の中ではベルトを締めなければいけない.

## attendre [atɑ̃dr アタンドゥる] [他動詞] [活用30]

待つ

Vous attendez quelqu'un ?
— Oui, j'attends un ami.
誰かを待っているのですか？
— ええ，友だちを待っています.

## attention [atɑ̃sjɔ̃ アタンスィオン] [女性名詞]

① 注意

Faites attention aux voitures.
自動車に気をつけなさい.

② 気をつけて！

Attention, c'est lourd ! 気をつけて，重いよ！

## au [o オ]

[前置詞 à と定冠詞 le の縮約形 (→ à)]

Ils vont au Japon. 彼らは日本に行きます.

**A**

**aucun, aucune** [okœ̃, okyn オカン, オキュヌ] 不定形容詞

〈ne, sans とともに〉どんな〜も…しない，…でない

Je n'ai aucune information.
私は何の情報も持っていない.

**au-dessous** [od(ə)su オドゥスゥ] 副詞

（場所が）下に，（数，程度などが）下位に

〈〜 de + 名詞〉…より下に，…以下の

Il fait 5 degrés au-dessous de zéro. 零下5度です.

**au-dessus** [od(ə)sy オドゥスュ] 副詞

（場所が）上に，（数，程度などが）上位に

La chambre est au-dessus. 部屋は上の階です.

〈〜 de + 名詞〉…の上に，…以上の

L'avion vole au-dessus de la ville.
飛行機は町の上を飛ぶ.

**augmenter** [ɔgmɑ̃te オグマンテ] 他動詞・自動詞 活用1

増やす，増える

Le nombre des touristes a beaucoup augmenté dans
cette région.
この地方を訪れる観光客がとても増えた.

**aujourd'hui** [oʒurdɥi オジュるデュイ] 副詞

今日

Le musée est ouvert aujourd'hui.
美術館は今日は開いている.

**au revoir** [o r(ə)vwar オるヴワる] 挨拶

さようなら

Au revoir, à demain. さようなら，また明日.

A

## aussi [osi オスィ] 副詞

### ① …もまた

Moi aussi, j'aime beaucoup le tennis.
私もテニスが大好きです.

### ② 〈＋形容詞・副詞〉[同等比較級] 同じくらい…である

Elle chante aussi bien que vous.
彼女はあなたと同じくらい歌が上手です.

比較 ➡ plus, moins

## autant [otɑ̃ オタン] 副詞

### ① (que…)…と同じくらい

Il travaille autant que moi.
彼は私と同じくらい働きます.

比較 ➡ plus, moins

### ② 〈de ＋ 名詞〉同じだけの…

Il a autant de livres que toi.
彼は君と同じくらい本を持っている.

## auteur [otœr オトゥる] 名詞

### 作者, 著者

Qui est l'auteur de ce livre ? この本の著者はだれですか?

> [ 注意:女性の場合でも男性形がそのまま使われることが多いが,
>   最近では女性形として autrice や auteure も用いられる. ]

## auto [oto オト] 女性名詞

### 自動車

> [ 注意:現在では voiture の方が広く使われる. ]

## autobus [ɔtɔbys オトビュス] 男性名詞

### 路線バス

> [ 注意:口語では bus が使われる. → bus ]

**autocar** [ɔtɔkar オトカる] 〔男性名詞〕

長距離バス，観光バス

**automatique** [ɔtɔmatik オトマティク] 〔形容詞〕

自動的な，自動式の

C'est une voiture automatique.
これはオートマティック車です.

## automne [ɔtɔn オトヌ] 〔男性名詞〕

秋

J'aime l'automne.　私は秋が好きです.

**en automne**　秋には

**autoroute** [otorut オトるトゥ] 〔女性名詞〕

高速道路

Un terrible accident a eu lieu hier sur l'autoroute.
きのう高速道路でひどい事故が起こった.

## autour [otur オトゥる] 〔副詞〕

周囲に

〈de +名詞〉…の周囲を，に

La Lune tourne autour de la Terre.
月は地球のまわりを回っている.

## autre [otr オトゥる] 〔不定形容詞〕

別の，もう一つの

Je prends un autre train.　　私は別の列車に乗ります.

**autrefois** [otrəfwa オトゥるフワ] 〔副詞〕

昔，かつて

Autrefois, je fumais beaucoup.
かつて私はヘビースモーカーでした.

## aux [o オ]

[前置詞 à と定冠詞 les の縮約形 (→ à)]

Elle travaille aux États-Unis.　彼女は米国で働いている.

**avancer** [avɑ̃se アヴァンセ] **自動詞** **活用2**

進む

Ma montre avance de deux minutes.
私の時計は 2 分進んでいる.

## **avant** [avɑ̃ アヴァン]

1) **前置詞**

① [時間] …の前に, …までに

Je finis ce travail avant midi.
正午までにこの仕事を終わらせます.

② 〈de + **不定詞**〉…する前に

Je vous téléphone avant de partir.
出発する前にあなたに電話します.

③ [場所] …の手前を

Tournez à droite avant la gare.
駅の手前で右に曲がりなさい.

2) **副詞** 以前に

Qu'est-ce que vous faisiez avant ?
以前には何をしていたのですか?

**avant-hier** [avɑ̃tjɛr アヴァンティエる] **副詞**

一昨日, おととい

Nous avons reçu ta lettre avant-hier.
私たちはおととい君の手紙を受け取った.

## **avec** [avɛk アヴェク] **前置詞**

① …と一緒に

J'habite ici avec mon père.
私はここに父と一緒に住んでいます.

② …で, …をつかって

Va acheter quelque chose à manger avec cet argent.
このお金で何か食べ物を買っていらっしゃい.

♪024

**avenir** [av(ə)nir アヴニーる] **男性名詞**

未来，将来

Pense un peu à ton avenir.
少しは君の将来のことを考えなさい.

**avenue** [av(ə)ny アヴニュ] **女性名詞**

大通り，並木道

## avez → avoir

## avion [avjɔ̃ アヴィオン] **男性名詞**

飛行機

Cet avion part à 22h10 pour le Japon.
この飛行機は 22 時 10 分に日本へ向けて出発します.

**en avion** 飛行機で

**par avion** 航空便で

**avis** [avi アヴィ] **男性名詞**

意見

Quel est ton avis ? 君の意見はどう?

## avocat, avocate [avɔka, avɔkat アヴォカ, アヴォカトゥ] **名詞**

弁護士

Mon père est avocat. 私の父は弁護士です.

[ **注意**：女性にも男性形の avocat を用いることがある. ]

## avoir [avwar アヴワる] **活用19**

1) **他動詞**

① 持つ，持っている

Tu as des frères et sœurs ?
あなたには兄弟姉妹がいますか?
（←あなたは兄弟姉妹を持っていますか?）

Vous avez du temps lundi matin ?
月曜の朝，時間がおありですか?

A

② 〈＋数詞＋ an(s)〉…才である

Tu as quel âge ?　　— J'ai dix ans.
君いくつ？　　　　　 — 10才です.

③ …の状態である.

Qu'est-ce que tu as ?　　— J'ai de la fièvre.
どうしたんだい？　　　　— 熱があるんだ.

④ 〈＋無冠詞名詞 〉

| | |
|---|---|
| **avoir faim** | 空腹である |
| **avoir soif** | のどが渇いている |
| **avoir chaud** | 暑い |
| **avoir froid** | 寒い |
| **avoir raison** | 正しい |
| **avoir tort** | まちがっている |

2) 助動詞 （〈avoir＋過去分詞〉で複合時制を構成する）

Qu'est-ce que vous avez acheté ?
何を買ったのですか？

## avons → avoir

## avril [avril アヴリル] 男性名詞 ♪

4 月

J'habite à Lyon depuis le mois d'avril.
私は 4 月からリヨンに住んでいる.

## ayez, ayons → avoir

## 挨拶・応答

### 【会った時】
| | |
|---|---|
| こんにちは，おはよう | Bonjour.（親しい間で）Salut. |
| こんばんは | Bonsoir. |
| お元気ですか？ | Comment allez-vous ? |
| 元気？（親しい間で） | Comment vas-tu ? Tu vas bien ? |

### 【別れる時】
| | |
|---|---|
| さようなら | Au revoir. |
| おやすみなさい | Bonne nuit. |
| また明日／月曜日に | À demain. À lundi. |
| また近いうちに | À bientôt. |
| またのちほど | À tout à l'heure. |

### 【呼びかけ】
| | |
|---|---|
| すみませんが | S'il vous plaît. / Pardon. |
| もしもし（電話） | Allô(Allo) |

### 【謝罪】
| | |
|---|---|
| ごめんなさい | Pardon. |
| すみません | Excusez-moi. |
| どういたしまして | Je vous en prie. |
| | （親しい間で）Je t'en prie. |
| | Ça ne fait rien. Ce n'est rien. De rien. |

### 【返答】
| | |
|---|---|
| はい | Oui.（通常の疑問に対して） |
| | Si.（否定疑問に対して） |
| いいえ | Non. |

### 【お礼】
| | |
|---|---|
| ありがとう | Merci (beaucoup). |

### 【受諾】
| | |
|---|---|
| わかった，いいよ | D'accord. |
| 喜んで | Avec plaisir. / Volontiers. |
| もちろん | Bien sûr. |

### 【断り】
| | |
|---|---|
| 結構です（いりません） | Non, merci. |
| 残念ですが，あいにくですが | Je suis désolé(e). Désolé(e). |

### 【聞き返し】
| | |
|---|---|
| 何ですって？ | |
| （もう一度おねがいします） | Pardon ? |

# B

**bagage** [bagaʒ バガジュ] 男性名詞

（多く複数で）荷物

Je n'ai pas encore fait mes bagages.
私はまだ荷造りができていない.

**baguette** [bagɛt バゲトゥ] 女性名詞

バゲット，棒，（複数で）箸

Donnez-moi deux baguettes, s'il vous plaît.
バゲットを2本下さい.

**baigner (se)** [beɲe ベニェ] 代名動詞 活用1

水遊びをする，泳ぐ

Je me baigne dans la piscine. 私はプールで泳ぐ.

**bain** [bɛ̃ バン] 男性名詞

風呂

Elle prend un bain. 彼女は風呂に入る.
salle de bain(s) 浴室

比較 ➡ douche

**baisser** [bese ベセ] 活用1

1) 他動詞 下げる

Il a baissé les yeux. 彼は目を伏せた.

2) 自動詞 下がる

Le prix a beaucoup baissé. 価格は大幅に低下した.

**balle** [bal バル] 女性名詞

ボール

Les enfants jouent à la balle.
子どもたちはボール遊びをしています.

♪028

## banane [banan バナヌ] 女性名詞

バナナ

## banc [bã バン] 男性名詞

ベンチ

Elle était assise sur un banc.
彼女はベンチに座っていました.

## banque [bãk バンク] 女性名詞

銀行

Elle travaille dans une banque.
彼女は銀行で働いています.

## bas, basse [bɑ, bɑs バ, バス] 形容詞

（高さ，値段，声などが）低い

C'est une table basse. それは低いテーブルです.

## bateau [bato バト] (複数 bateaux) 男性名詞

船

Il y a beaucoup de bateaux sur la mer.
海には船がたくさん出ている.

## bâtiment [batimã バティマン] 男性名詞

建物

Quel est ce grand bâtiment gris ?
あの灰色の大きな建物は何ですか？

## battre [batr バトゥる] 他動詞 活用31

打つ，破る

J'ai été battu par 3 à 0. 私は3対0で敗れた.

### se battre 代名動詞

たたかう，争う

Mes enfants se battent toujours.
私の子どもたちはいつもけんかをしている.

**bavard, bavarde** [bavar, bavard バヴァる, バヴァるドゥ] 形容詞

おしゃべりな

Elle est bavarde. 彼女はおしゃべりだ.

**beau, belle** [bo, bɛl ボ, ベル]
(beauは母音の前でbel, 男性複数beaux) 形容詞

① 美しい, きれいな, すばらしい

Elle a une très belle voix.
彼女はとてもきれいな声をしている.

C'est un bel hôtel.
それはすてきなホテルです.

② 非人称 Il fait beau. 天気がよい.

**beaucoup** [boku ボクゥ] 副詞

① (量・数・程度など) たくさん, とても

Tu aimes voyager ? — Oui, beaucoup.
旅行が好きですか? — はい, とても.

**Merci beaucoup.** どうもありがとう.

② 〈de +名詞〉多くの…

J'ai beaucoup de travail.
私には仕事がたくさんあります.

**beauté** [bote ボテ] 女性名詞

美しさ, 美

Il a découvert la beauté de ce paysage.
彼がこの風景の美を発見した.

**bébé** [bebe ベベ] 男性名詞

赤ん坊

Quand est-ce que ton bébé est né ?
君の赤ちゃんはいつ生まれたの?

[ 注意:女の赤ん坊にも un bébé を使う. ]

## bel, belle → beau

**belge** [bɛlʒ ベルジュ] 形容詞 ♪
ベルギーの，ベルギー人の

**Belge** 名詞
ベルギー人

**Belgique (la)** [bɛlʒik ベルジク] 固有名詞・女性
ベルギー

**besoin** [bəzwɛ̃ ブズワン] 男性名詞
欲求，必要
〈avoir ～ de ＋ 名詞・不定詞 〉…が必要である
Il a besoin de repos.
彼には休息が必要です．

Je n'ai pas besoin de partir tout de suite.
私はすぐに出発する必要はないんです．

**bête** [bɛt ベトゥ] 女性名詞
動物，家畜，獣
Les enfants aiment beaucoup les bêtes.
子どもたちは動物が大好きです．

**beurre** [bœr ブる] 男性名詞
バター
Tu peux aller acheter du beurre ?
バターを買いに行ってくれるかい？

**bibliothèque** [biblijɔtɛk ビブリィオテク] 女性名詞
図書館，図書室，書棚
Je travaille à la bibliothèque.
私は図書館で勉強する．

**bicyclette** [bisiklɛt ビスィクレトゥ] **[女性名詞]**

自転車

C'est la bicyclette de ma mère. これは母の自転車です.

[ 注意：口語では vélo が使われる. ]

**B**

**bien** [bjɛ̃ ビアン] **[副詞]**

① **上手に，しっかりと**

Elle chante très bien.
彼女は歌がとてもうまい.

Je ne dors pas bien.
よく眠れないんです.

② **〈aller bien〉元気である**

Vos parents vont bien ?
ご両親はお元気ですか？

③ **はい，わかりました**

Un café, s'il vous plaît. — Bien, monsieur.
コーヒーを1杯ください. — かしこまりました.

**bientôt** [bjɛ̃to ビアント] **[副詞]**

まもなく

Nous allons bientôt arriver à l'aéroport de Narita.
当機はまもなく成田空港に到着いたします.

**À bientôt !** また近いうちに！

**bière** [bjɛr ビエる] **[女性名詞]**

ビール

Qu'est-ce que tu bois ? — De la bière, s'il te plaît.
君は何を飲む？ — ビールをお願い.

**bijou** [biʒu ビジュウ] **(複数 bijoux) [男性名詞]**

宝石

Elle a acheté ce bijou en Belgique.
彼女はその宝石をベルギーで買った.

♪032

## billet [bijɛ ビィエ] 男性名詞

① （列車，飛行機の）切符，（劇場などの）入場券

Je voudrais deux billets pour Nice, s'il vous plaît.
ニース行きの切符を2枚ください.

② 紙幣

un billet de dix euros　10ユーロ札

## bizarre [bizar ビザる] 形容詞

奇妙な，変わった

Il est un peu bizarre.　彼はちょっと変わっている.

## blanc, blanche [blɑ̃, blɑ̃ʃ ブラン, ブランシュ] 形容詞

白い

Vous voulez du vin blanc ?　白ワインをいかがですか？
Tu vois la maison blanche ?　あの白い家が見える？

## blé [ble ブレ] 男性名詞

小麦

Il a traversé un champ de blé.　彼は麦畑を横切った.

## blessé, blessée [blese ブレセ] 形容詞・名詞

けがをした，けが人

Il y a eu beaucoup de blessés dans cet accident.
その事故では多数のけが人が出た.

## blesser [blese ブレセ] 他動詞 活用1

傷つける，害する

Il a été blessé dans la guerre.
彼は戦争で負傷した.

### se blesser 代名動詞

けがをする

Elle s'est blessée au bras.　彼女は腕にけがをした.

## bleu, bleue [blø ブル] 形容詞

青い，ブルーの

Elle aime beaucoup sa robe bleue.
彼女はブルーのドレスが大好きだ.

B

## blond, blonde [blɔ̃, blɔ̃d ブロン, ブロンドゥ] 形容詞・名詞

ブロンドの，金髪の（人）

Elle a les cheveux blonds. 彼女の髪はブロンドです.

## bœuf [bœf ブフ] 男性名詞

ウシ，牛肉

［ 注意：複数 bœufs は [bø ブ] と発音する.］

## boire [bwar ブワる] 他動詞 活用32

飲む，酒を飲む

Il boit du café tous les matins.
彼は毎朝コーヒーを飲みます.

## bois [bwa ブワ] 男性名詞

木，森

Ce sont des tables en bois. これらは木製のテーブルだ.

## boisson [bwasɔ̃ ブワソン] 女性名詞

飲み物

Qu'est-ce que vous prenez comme boisson ?
飲み物は何がいいですか？

## boîte (boite) [bwat ブワトゥ] 女性名詞

箱

Je te donne cette boîte de chocolats.
あなたにこの箱入りチョコレートをあげる.

# bon, bonne

[bɔ̃, bɔn ボン, ボヌ] 形容詞 (名詞の前に置かれる)

よい，立派な，おいしい

J'ai une bonne idée.
私にいい考えがあります.

Je connais un bon restaurant japonais.
私はいい日本料理店を知っている.

**Bon voyage !**　　良い旅行を！

**Bonne nuit !**　　おやすみなさい.

## bon 間投詞

(同意，話題の転換など) いいよ，さて

**Ah bon ?** ああそう，えっ？

Cet été, je reste à Paris.
— Ah bon ?  Qu'est-ce que tu fais ?
この夏，ぼくはパリに残るよ.
— ああそうなの？ 何をするの？

## bon 副詞

よく

Ça sent bon.　それはいい匂いがする.

# bonheur [bɔnœr ボヌる] 男性名詞

幸せ，幸運

C'est un grand bonheur pour moi.
私には大きな喜びです.

# bonjour [bɔ̃ʒur ボンジュゥる] 男性名詞・挨拶

こんにちは，おはよう

Bonjour, monsieur.
(男性に対して) こんにちは (おはようございます).

**bon marché** [bɔ̃ marʃe ボン マるシェ] 副詞句・形容詞句

安い，安く

J'ai acheté une jupe (à) bon marché.
私はスカートを安く買った.

［ **注意**：形容詞としては性数変化をしない. (→ marché) ］

**bonne nuit** [bɔn nɥi ボヌニュイ] 挨拶

おやすみ，おやすみなさい

Bonne nuit, Nathalie ! おやすみ，ナタリー！

**bonsoir** [bɔ̃swar ボンスワる] 男性名詞・挨拶

こんばんは

Bonsoir, mademoiselle.
（未婚の女性に対して）こんばんは.

**bord** [bɔr ボる] 男性名詞

縁，岸

Nous allons au bord de la mer.
私たちは海岸へ行く.

**bouche** [buʃ ブゥシュ] 女性名詞

口

Ouvrez la bouche. 口を開けてください.

**boucher, bouchère** [buʃe, buʃɛr ブゥシェ，ブゥシェる] 名詞

精肉店の店主，店員

**boucherie** [buʃri ブゥシュり] 女性名詞

精肉店

**bouger** [buʒe ブゥジェ] 自動詞 活用3

動く

Ne bouge pas, on prend une photo.
動かないで，写真をとるから.

♪036

## boulanger, boulangère

[bulɑ̃ʒe, bulɑ̃ʒɛr ブゥランジェ, ブゥランジェる] 名詞

パン屋の店主，店員

Je vais chez le boulanger.
私はパン屋に行く．

## boulangerie [bulɑ̃ʒri ブゥランジュリ] 女性名詞

パン屋

## boulevard [bulvar ブゥルヴァる] 男性名詞

大通り

C'est le boulevard Saint-Michel.
これがサン＝ミシェル大通りです．

## bout [bu ブゥ] 男性名詞

先端，果て

Vous trouverez la maison au bout de la rue.
その家は通りのつきあたりにあります．

## bouteille [butɛj ブゥテユ] 女性名詞

ビン

Une bouteille de vin rouge, s'il vous plaît.
赤ワインを 1 本ください．

## boutique [butik ブゥティク] 女性名詞

小売店，既製服店，ブティック

C'est la plus belle robe de cette boutique.
これは当店で一番美しいドレスです．

比較 ➡ magasin

## bouton [butɔ̃ ブゥトン] 男性名詞

ボタン，スイッチ

Appuyez sur ce bouton. このスイッチを押してください．

## bras [bra ブら] 男性名詞

腕, アーム

J'ai mal au bras droit. 私は右腕が痛い.

## bref, brève [brɛf, brɛv ブれフ, ブれヴ] 形容詞

(時間的に) 短い, 簡略な

J'ai écrit une lettre brève. 私は短い手紙を書いた.

## bref 副詞

手短に, 要するに

Bref, il t'aime encore.
早くいえば, 彼はまだ君を愛しているんだ.

## briller [brije ブりィエ] 自動詞 活用1

輝く

Le soleil brille dans le ciel. 空で太陽が輝いている.

## brosser [brɔse ブろセ] 他動詞 活用1

ブラシをかける

### se brosser 代名動詞

自分 (の身体, 服) にブラシをかける

Tu t'es brossé les dents ? 歯を磨いたの?

## bruit [brɥi ブりュイ] 男性名詞

もの音, 騒音

Tu entends du bruit ?
もの音が聞こえる?

## brûler (bruler) [bryle ブリュレ] 他動詞 活用1

焼く, 燃す

L'incendie a brûlé tout le village.
その火事で村は全焼した.

♪038

**brun, brune** [brœ̃, bryn ブラン, ブリュヌ] 形容詞・名詞

褐色の，ブラウンの，褐色（黒い）髪の（人）

Ma mère avait les cheveux bruns.
私の母は褐色の髪をしていました.

## **bureau** [byro ビュロ] （複数 bureaux） 男性名詞

① 会社，オフィス，役所

Pour aller au bureau, je prends ma voiture.
私は通勤に車を使っている.

② 机，デスク，書斎

Le bureau est devant la fenêtre.
机は窓の前にある.

## **bus** [bys ビュス] 男性名詞

バス

Où est-ce qu'on prend le bus ?
バスはどこで乗るんですか？

**but** [by(t) ビュ (トゥ)] 男性名詞

目的，[スポーツ] ゴール

Quel est le but de ton voyage ?
君の旅行の目的は何ですか？

## 人間関係

**【友人，同僚】**

| | |
|---|---|
| 友だち | ami 男　amie 女 |
| 仲間・同僚 | camarade 男・女　collègue 男・女 |
| クラスメート | camarade de classe 男・女 |
| （くだけた言い方） | copain 男　copine 女 |

**【男女など】**

| | |
|---|---|
| 赤ん坊 | bébé 男（男女とも男性名詞としてあつかう） |
| 男の子 | garçon 男 |
| 女の子 | fille 女 |
| 若い女性 | jeune fille 女 |
| 若い男性 | jeune homme 男 |
| 男性 | homme 男 |
| 女性 | femme 女 |
| 隣人 | voisin 男　　voisine 女 |
| 外国人 | étranger 男　　étrangère 女 |

**【不特定の人，人びと】**

| | |
|---|---|
| 人びと | les gens 男・複 |
| みんな | tout le monde, tous |

**【呼びかけ・敬称】**

（頭文字を大文字にすることがある。）

男性に対して：（一人に）　monsieur
　　　　　　　（複数に）　messieurs

女性に対して：（既婚者一人に）madame
　　　　　　　（複数に）　　mesdames
　　　　　　　（未婚者一人に）mademoiselle
　　　　　　　（複数に）　　　mesdemoiselles

男女混合の場合: Mesdames et Messieurs
　　　　　　　　Messieurs Dames

人間関係

## C

### c' → ce

**ça** [sa サ] 指示代名詞 ♪

これ, それ, あれ

Ça fait combien ?
いくらになりますか?

Comment ça va ? / Ça va ? — Ça va (très) bien.
元気かい? — (とても) 元気だよ.

Oui, **c'est ça.**
はい, その通りです.

[ 注意：cela の口語形 ]

**cabinet** [kabinε カビネ] 男性名詞

小部屋

cabinet de toilette 化粧室

**cacher** [kaʃe カシェ] 他動詞 活用1

隠す

Il a caché l'argent dans une boîte.
彼はその金を箱の中に隠した.

**se cacher** 代名動詞

隠れる

Il s'est caché derrière la porte. 彼はドアの陰に隠れた.

**cadeau** [kado カド] (複数cadeaux) 男性名詞

プレゼント

Tenez, un petit cadeau pour vous.
どうぞ, ちょっとしたプレゼントです.

## café [kafe カフェ] 男性名詞

① コーヒー

Tu prends du café ou du thé ?
あなたはコーヒーにするそれとも紅茶にする？

② カフェ，喫茶店

Je connais un bon café.
私はいいカフェを知っています．

## cahier [kaje カィエ] 男性名詞

ノート

Montre-moi ton cahier, s'il te plaît.
君のノートを見せてくれないか．

## caisse [kɛs ケス] 女性名詞

箱，ケース，レジ

Où est la caisse ? レジはどこですか？

## calme [kalm カルム] 形容詞

静かな，（人が）落ち着いた

C'est un appartement calme. 静かなマンションですよ．

## camarade [kamarad カマらドゥ] 名詞

仲間，友だち

Paul joue avec ses camarades de classe.
ポールはクラスメートと遊んでいる．

## camion [kamjɔ̃ カミヨン] 男性名詞

トラック

## campagne [kɑ̃paɲ カンパーニュ] 女性名詞

田舎

Nous allons passer une semaine à la campagne.
私たちは田舎で1週間過ごすつもりです．

反対語 ➡ ville

♪042

## Canada (le) [kanada カナダ] 固有名詞・男性

カナダ

Nous allons au Canada chaque été.
私たちは毎年夏にカナダに行きます.

## canadien, canadienne
[kanadjɛ̃, kanadjɛn カナディアン, カナディエヌ] 形容詞

カナダの，カナダ人の

## Canadien, Canadienne 名詞

カナダ人

## capable [kapabl カパブル] 形容詞

可能な
〈de + 不定詞〉…できる

Tu es capable de faire ce travail ?
君はこの仕事ができますか？

## capitale [kapital カピタル] 女性名詞

首都

New York n'est pas la capitale des États-Unis.
ニューヨークは米国の首都ではない.

## car [kar カる] 接続詞

なぜなら

Je suis fatigué, car j'ai beaucoup travaillé hier.
私は疲れています，というのは昨日たくさん働いたからです.

## carotte [karɔt カろトゥ] 女性名詞

ニンジン

**carrefour** [karfur カるフゥる] **男性名詞**

交差点

Tournez à gauche au prochain carrefour.
次の交差点を左へ行きなさい.

**carte** [kart カるトゥ] **女性名詞**

① カード, 葉書

Vous payez avec une carte ?
カードでお支払いですか？

② 地図, マップ

C'est une carte de France. これはフランスの地図です.

③ メニュー

à la carte 一品料理で, アラカルトで

**cas** [kɑ カ] **男性名詞**

場合, ケース

Dans ce cas, je ne sors pas.
その場合には, 私はでかけません.

**casser** [kɑse カセ] **他動詞** **活用1**

こわす

C'est Pierre qui a cassé le verre.
コップを割ったのはピエールだ.

**se casser** **代名動詞**

骨折する

Elle s'est cassé la jambe. 彼女は脚の骨を折った.

**cause** [koz コズ] **女性名詞**

原因, 理由

Il y a deux causes possibles.
考えられる原因は2つあります.

♪044

〈à ～ de ＋名詞〉…のせいで，…が原因で

Je suis fatigué à cause de la chaleur.
暑さのせいで私は疲れている.

## CD [sede セデ] 男性名詞 ♪

コンパクトディスク，CD

Je cherche un CD de Mozart.
モーツァルトの CD をさがしています.

## ce [sə ス] (母音の前でc') 指示代名詞

これは，それは，あれは（主語として用いられる）

Qu'est-ce que c'est ?　　— C'est un restaurant.
あれは何ですか？　　　　　— あれはレストランです.

Ce sont mes parents.
私の両親です.

Qui est-ce ?　　　　— C'est la mère de Sophie.
あちらは誰ですか？ — ソフィーのお母さんです.

[ 注意：単数にも複数にも用いる. ]

## ce, cette, ces
[sə, sɛt, se ス, セトゥ, セ] (ceは母音の前でcet) 指示形容詞

この，その，あの

Cette place est libre ?
この席は空いていますか？

Qui est ce monsieur ?　　— C'est notre professeur.
あの男性は誰ですか？　　　— 私たちの先生です.

Tu es libre cet après-midi ?
今日の午後はあいていますか？

Je dors mal ces jours-ci.
私は最近よく眠れない.

**ce matin** 今朝

**ce soir** 今晩

**cette nuit** 今夜

**cette semaine** 今週

ce mois 今月

cette année 今年

**ceci** [səsi ススィ] [指示代名詞] ♪

これ (cela と対比的に)

Alors, je prends ceci.

じゃあ, 私はこれにします.

**ceinture** [sɛ̃tyr サンテュる] [女性名詞]

ベルト

Attachez votre ceinture.　ベルトを締めてください.

**cela** [s(ə)la スラ] [指示代名詞]

① あれ (ceci と対比的に)

② あれ, それ, これ (対比せずに)

Qu'est-ce que cela veut dire ?
それはどういう意味ですか?

③ [非人称主語として]

Cela fait dix ans que je fais du tennis.
私は 10 年前からテニスをしています.

[ 注意：口語では ça が用いられることが多い. ]

**célèbre** [selɛbr セレブる] [形容詞]

有名な

C'est un peintre célèbre.　彼は有名な画家です.

# celle(s) → celui

# celui, ceux, celle, celles

[səlɥi, sø, sɛl, sɛl スリュイ, ス, セル, セル] [指示代名詞]

…のそれ, …の人

Tu prends le train de dix heures ?
— Non, je préfère celui de onze heures.

10 時の列車に乗るの？
― いいえ，11 時の (列車の) 方がいいんです.

## cent [sɑ̃ サン] [数詞] ♪

100

## centimètre [sɑ̃timɛtr サンティメトゥる] [略号] cm [男性名詞]

センチメートル

## centre [sɑ̃tr サントゥる] [男性名詞]

中心，センター

Ils habitent au centre de Strasbourg.
彼らはストラスブールの中心部に住んでいます.

## centre-ville [sɑ̃tr vil サントゥる ヴィル] [男性名詞]

都心部

J'ai trouvé un bon restaurant au centre-ville.
都心部にいいレストランを見つけた.

## cerise [s(ə)riz スリズ] [女性名詞]

サクランボ

## certain, certaine [sɛrtɛ̃, sɛrtɛn せるタン, せるテヌ] [形容詞]

① 確かな

C'est certain. それは確かです.

② ある種の，いくつかの

Je ne connais pas certains mots.
いくつかの単語は知りません.

## certainement [sɛrtɛnmɑ̃ せるテヌマン] [副詞]

確かに，もちろん，きっと

Vous avez des pommes de terre ?
― Certainement, madame.
ジャガイモはありますか？
― もちろんございます.

## ces → ce

**cesser** [sese セセ] 活用1 ♪

1) 他動詞

やめる，中止する

Tu as cessé ton travail ? 君は仕事をやめたのですか？

2) 自動詞

やむ，止まる

La neige a cessé. 雪はやんだ.

C

## cet, cette → ce

**c'est-à-dire** [setɑdir セタディる] 略号 c.-à-d. 接続詞句

つまり

Il est déjà 24 heures, c'est-à-dire minuit.
もう 24 時，つまり午前零時だ.

## ceux → celui

**chacun, chacune** [ʃakœ̃, ʃakyn シャカン, シャキュヌ] 不定代名詞

各々のもの，各人；誰もが

Chacun sait cela. 誰もがそれを知っています.

## chaise [ʃɛz シェズ] 女性名詞

椅子

Le chat dort sur la chaise.
猫は椅子の上で眠っています.

## chaleur [ʃalœr シャルる] 女性名詞

暑さ，熱

Quelle chaleur ! J'ai soif.
何て暑いんだろう！ のどが渇いた.

比較 ➡ chaud

## chambre [ʃɑ̃br シャンブる] 女性名詞

個人の部屋，寝室，（ホテルの）部屋

Il dort dans sa chambre.
彼は部屋で眠っている.

Vous avez une chambre pour demain ?
明日1部屋ありますか?

## champ [ʃɑ̃ シャン] 男性名詞

畑，農地，

Ils travaillent dans les champs. 彼らは農地で働いている.

**les Champs-Elysées** 固有名詞 シャンゼリゼ（大通り）

## chance [ʃɑ̃s シャンス] 女性名詞

チャンス，幸運

Vous avez de la chance ! あなたは運がいいですね!

## changer [ʃɑ̃ʒe シャンジェ] 他動詞・自動詞 活用3

変える，替える，変わる

Tu dois changer de train à Marseille.
君はマルセイユで乗り換えなければいけない.

Le temps change vite.
天候は急に変わる.

## chanson [ʃɑ̃sɔ̃ シャンソン] 女性名詞

歌

C'est une chanson française. これはフランスの歌です.

## chanter [ʃɑ̃te シャンテ] 自動詞・他動詞 活用1

歌う

Elle chante très bien. 彼女は歌がとても上手です.

## chanteur, chanteuse

[ʃɑ̃tœr, ʃɑ̃tøz シャントゥる, シャントゥズ] 名詞

歌手

Tu ne veux pas aller écouter ce chanteur avec moi ?
私とあの歌手の歌を聴きに行かない？

## chapeau [ʃapo シャポ] (複数 chapeaux) 男性名詞

帽子

Elle porte un joli chapeau.
彼女はきれいな帽子をかぶっている.

**C**

## chaque [ʃak シャク] 不定形容詞

それぞれの，毎…

Chaque matin, elle part à huit heures.
毎朝，彼女は8時に出かけます.

## charmant, charmante

[ʃarmɑ̃, ʃarmɑ̃t シャるマン, シャるマントゥ] 形容詞

魅力的な，すてきな

Nous avons déjeuné dans un restaurant charmant.
私たちはすてきなレストランで昼食をとった.

## chat [ʃa シャ] 男性名詞

ネコ，猫

C'est le chat de Paul. それはポールの猫です.

## château [ʃɑto シャト] (複数 châteaux) 男性名詞

城，館

Tu as déjà visité le château de Versailles ?
君はヴェルサイユ宮殿をもう見物した？

## chaud, chaude [ʃo, ʃod ショ, ショドゥ] 形容詞

① 熱い，暑い

Attention, c'est chaud ! 気をつけて，それ熱いよ！
eau chaude お湯

② 非人称 Il fait chaud. 暑い.

Il fait très chaud aujourd'hui ! 今日はとても暑い !

反対語 ➡ froid

## chaud 男性名詞 ♪

暑さ

〈**avoir~**〉暑いと思う, 暑さを感じる

Tu as chaud ? 暑いですか ?

## chauffeur [ʃofœr ショフる] 男性名詞

運転手

Mon oncle est chauffeur de taxi.
私の叔父はタクシーの運転手です.

┌ 注意：特に職業運転手を指す. 女性の場合もこのままの形で ┐
└ 用いる.                                                    ┘

## chaussette [ʃosɛt ショセトゥ] 女性名詞

靴下, ソックス (普通, 複数で用いる)

Elle a mis des chaussettes bleues.
彼女はブルーの靴下を履いた.

## chaussure [ʃosyr ショスュる] 女性名詞

靴, 履物 (普通, 複数で用いる)

Il met ses chaussures blanches. 彼は白い靴を履く.

## chef [ʃɛf シェフ] 男性名詞

長, リーダー, 料理長

Mon père est chef de gare.
私の父は駅長です.

## chemin [ʃ(ə)mɛ̃ シュマン] 男性名詞

道

Prenez ce chemin pour aller à la gare.
駅へはこの道を行きなさい.

**chemin de fer** 鉄道

## chemise [ʃ(ə)miz シュミズ] 女性名詞

（男性用）シャツ

Cette cravate va bien avec votre chemise.
このネクタイはあなたのシャツとよく合います.

## cher, chère [ʃɛr シェる] 形容詞

### ① （値段が）高い

Cet hôtel est très cher.　このホテルはとても高い.

### ② 大切な，親愛な

Cher Monsieur / Chère Madame / Chère
Mademoiselle　拝啓（手紙の書き出し）

## cher [ʃɛr シェる] 副詞

高く，高値で

Cela coûte cher.　それは高い.

## chercher [ʃɛrʃe シェるシェ] 他動詞 活用1

### ① さがす

Je cherche la clé de ma voiture.
私は車のキーをさがしている.

### ② 〈aller 〜〉迎えに行く

Tu peux aller chercher mon fils à l'école ?
私の息子を学校まで迎えに行ってもらえる？

## cheval [ʃ(ə)val シュヴァル] (複数 chevaux) 男性名詞

ウマ，馬

J'aime beaucoup monter à cheval.
私は乗馬が大好きです.

## cheveu [ʃ(ə)vø シュヴ] (複数 cheveux) 男性名詞

髪

Elle a de beaux cheveux noirs.
彼女はきれいな黒髪をしている.

♪052

## chez [ʃe シェ] 前置詞

…の家で，…の家に

Je vais chez Paul.
私はポールの家に行きます．

[注意：後には人を表す名詞または強勢形人称代名詞が来る．]

## chien [ʃjɛ̃ シアン] 男性名詞

イヌ，犬

Tu aimes les chiens ? 君は犬が好きですか？

### chiffre [ʃifr シフる] 男性名詞

数字

N'écrivez pas le nombre en chiffres, mais en lettres.
数は数字で書かず，文字で書いてください．

## Chine (la) [ʃin シヌ] 固有名詞・女性

中国

Le mois prochain, nous allons en Chine.
来月私たちは中国へ行きます．

## chinois, chinoise [ʃinwa, ʃinwaz シヌワ, シヌワズ] 形容詞

中国の，中国人の，中国語の

Il y a beaucoup de touristes chinois à Paris.
パリには中国人観光客が多い．

## Chinois, Chinoise 名詞

中国人

## chinois 男性名詞

中国語

Vous parlez chinois ? あなたは中国語を話しますか？

**chocolat** [ʃɔkɔla ショコラ] 男性名詞

チョコレート, ココア

Je fais un gâteau au chocolat pour le dessert.
私はデザートにチョコレートケーキを作ります.

**choisir** [ʃwazir シュワズィる] 他動詞 活用13

選ぶ

Nous choisissons cette chambre.
私たちはこの部屋を選びます.

**choix** [ʃwa シュワ] 男性名詞

選択, 品ぞろえ

Vous avez le choix entre le café et le thé.
コーヒーか紅茶かをお選びください.

**chômage** [ʃomaʒ ショマジュ] 男性名詞

失業

Il est au chômage depuis six mois.
彼は半年前から失業中です.

**chose** [ʃoz ショズ] 女性名詞

もの, こと

J'ai beaucoup de choses à faire.
私はやるべきことがたくさんある.

C'est autre chose. それは別のことだ.

比較 ➡ quelque chose

**chou** [ʃu シュ] (複数 choux) 男性名詞

キャベツ, シュークリーム ( → crème)

**chut** [ʃyt シュトゥ] 間投詞

しっ!, 静かに!

Chut ! Ne faites pas de bruit. しっ!音を立てないで.

♪054

**-ci** [si スィ]

この…，こっちの…

De ces deux montres, je préfère celle-ci.
この 2 つの腕時計の中では，私はこちらの方が好きだ.

[ 注意：指示代名詞の後，または指示形容詞＋名詞の後につける. ]

反対語 ➡ -là

**ciel** [sjɛl スィエル] (複数 cielsまたはcieux) 男性名詞

空

Regarde le ciel！ Il va pleuvoir.
空を見て！ 雨が降りそうだ.

**cigarette** [sigarɛt スィガれトゥ] 女性名詞

紙巻タバコ

Il fume un paquet de cigarettes par jour.
彼は 1 日にタバコを 1 箱吸う.

**cinéma** [sinema スィネマ] 男性名詞

① 映画館

On va au cinéma ce week-end？
週末に映画に行かない？

② (ジャンルとしての) 映画

Tu aimes le cinéma japonais？
君は日本映画が好きですか？

比較 ➡ film

**cinq** [sɛ̃(k) サン (ク)] 数詞

5

Elle travaille ici depuis cinq semaines.
彼女は 5 週間前からここで働いています.

[ 注意：子音で始まる語の前では一般に [sɛ̃] だが，話し言葉では
[sɛ̃k] と発音されることもある. ]

## cinquante [sɛ̃kɑ̃t サンカントゥ] 数詞

50

## cinquième [sɛ̃kjɛm サンキエム] 序数詞

5番目の，5回目の

## ciseau [sizo スィゾ] (複数 ciseaux) 男性名詞

ハサミ（普通，複数で用いる）

J'ai acheté une paire de ciseaux.
私はハサミを1丁買った.

## cité [site スィテ] 女性名詞

都市，団地

Ils habitent dans une grande cité.
彼らは大きな団地に住んでいます.

## citoyen, citoyenne
[sitwajɛ̃, sitwajɛn スィトゥワイアン, スィトゥワイエヌ] 名詞

市民，国民

Il est citoyen français. 彼はフランス国民だ.

## citron [sitrɔ̃ スィトゥロン] 男性名詞

レモン

Je prends un thé au citron. 私はレモンティーにします.

## civilisation [sivilizasjɔ̃ スィヴィリザスィオン] 女性名詞

文明

J'étudie la civilisation chinoise.
私は中国文明を研究している.

## clair, claire [klɛr クレる] 形容詞

明るい，明確な

Le ciel est clair. 空は明るい.

## classe [klɑs クラス] 女性名詞

① クラス，授業

La classe commence à huit heures trente.
授業は 8 時 30 分に始まります.

② (座席などの) クラス，等級

Un billet de première classe pour Paris, s'il vous plaît. パリ行きの 1 等切符を 1 枚ください.

## clé, clef [kle クレ] 女性名詞

鍵，キー

Il faut fermer la porte à clé.
ドアに鍵をかけなければいけない.

## client, cliente [klijɑ̃, klijɑ̃t クリィアン, クリィアントゥ] 名詞

客，クライアント

Les clients étaient nombreux dans le magasin.
その店には客がたくさんいました.

## climat [klima クリマ] 男性名詞

気候，風土

Dans ce pays, le climat est chaud et humide.
この国では，気候は暑く多湿である.

## clinique [klinik クリニク] 女性名詞

個人病院

比較 ➡ hôpital

## cœur [kœr クる] 男性名詞

心臓，心

J'ai mal au cœur, docteur.
先生，吐き気がするんです.

♪057

**coiffeur, coiffeuse** [kwafœr, kwaføz クワフる, クワフズ] 名詞

美容師，理容師

Elle va chez la coiffeuse une fois par semaine.
彼女は週に1回美容院に行く.

**coin** [kwɛ̃ クワン] 男性名詞

片隅，角

La boulangerie est au coin de la rue.
パン屋は通りの角にあります.

**colère** [kɔlɛr コレる] 女性名詞

怒り

Mon père est en colère contre moi.
父は私に対して怒っている.

**collège** [kɔlɛʒ コレジュ] 男性名詞

中学校，コレージュ

Quand j'étais au collège, je jouais au tennis.
中学校時代にはテニスをしていました.

**collègue** [kɔ(l)lɛg コ(ル)レグ] 名詞

同僚，仲間

Il n'est pas aimé de ses collègues.
彼は同僚に好かれていない.

**colline** [kɔlin コリヌ] 女性名詞

丘

Nous avons déjeuné en haut de la colline.
私たちは丘の上で昼食を食べた.

**combien** [kɔ̃bjɛ̃ コンビアン] 疑問副詞

① 〈de ＋ 名詞〉（数・量）いくつ，どのくらい

Combien de frères avez-vous ?
あなたは兄弟が何人いますか？

Vous travaillez combien d'heures par jour ?
あなたは 1 日に何時間働いていますか？

② （値段）いくら

Ça fait combien ? いくらになりますか？

③ Nous sommes le combien ? 今日は何日ですか？

**commander** [kɔmɑ̃de コマンデ] [他動詞] [活用1] ♪

命ずる，注文する

Monsieur, j'ai commandé un café.
すみません，私はコーヒーを頼んだのですが．

## comme [kɔm コム] [接続詞]

① **…のように，…のような**

Il fait froid comme en hiver.
冬みたいに寒い．

**comme ça** こんなふうに

② **…として**

Qu'est-ce que vous avez comme dessert ?
デザートには何がありますか？

③ [理由] **…なので**

Comme j'étais malade, je suis resté à la maison.
私は病気だったので，家にいました．

④ [感嘆文をみちびく]

Comme c'est beau ! 何てきれいなんでしょう！

## commencer [kɔmɑ̃se コマンセ] [活用2]

1) [自動詞]

始まる

Le film commence dans dix minutes.
映画は 10 分後に始まります．

〈à + [不定詞]〉 **…し始める**
Il a commencé à pleurer.
彼は泣き出した．

2) 他動詞

始める

Tu commences quand le travail ?
いつ仕事を始めるの?

## comment [kɔmɑ̃ コマン] 疑問副詞 ♪

① [方法・手段] どうやって

Comment vas-tu à la gare ?
君は駅へどうやって行くのですか?

② [様態・性質] どんな

Il est comment, ton nouvel appartement ?
君の今度のアパルトマンはどんなのですか?

Tu t'appelles comment ?
— Léa, et toi ?
君の名前は?
— レアよ, あなたは?

**commun, commune** [kɔmœ̃, kɔmyn コマン, コミュヌ] 形容詞

共通の

Nous avons des intérêts communs.
私たちは共通の利害を持っている.

**communication** [kɔmynikasjɔ̃ コミュニカスィオン] 女性名詞

コミュニケーション

**comparer** [kɔ̃pare コンパれ] 他動詞 活用1

比較する

J'ai comparé ce gâteau avec un autre.
私はそのケーキを別のと比べた.

**complet, complète** [kɔ̃plɛ, kɔ̃plɛt コンプレ, コンプレトゥ] 形容詞

完全な，満員の

Vous avez une chambre pour ce soir ?
— Désolé, monsieur, c'est complet.
今晩 1 部屋ありますか？
— あいにく満室でございます．

**complètement** [kɔ̃plɛtmɑ̃ コンプレトゥマン] 副詞

完全に

Le ciel est complètement couvert de nuages.
空はすっかり雲に覆われている．

**compliqué, compliquée** [kɔ̃plike コンプリケ] 形容詞

複雑な，込み入った

L'histoire est très compliquée. 話はとても複雑なんです．

**comprendre** [kɔ̃prɑ̃dr コンプ랑ドゥr] 他動詞 活用44

わかる，理解する

Je ne comprends pas ce mot.
この言葉がわかりません．

（目的語を省略して）Tu comprends ?
— Oui, je comprends bien.
わかるかい？
—うん，よくわかるよ．

**compte** [kɔ̃t コントゥ] 男性名詞

口座

Je voudrais ouvrir un compte, s'il vous plaît.
口座を開設したいのですが．

**compter** [kɔ̃te コンテ] 他動詞 活用1

① 数える，計算する

Mon petit-fils sait déjà compter.
私の孫はもう数が数えられる．

② 〈＋ 不定詞〉…するつもりである

Elle compte aller en Italie avec ses parents.
彼女は両親とイタリアへ旅行するつもりだ.

## concert [kɔ̃sɛr コンセる] 男性名詞 ♪

音楽会, コンサート

J'aimerais aller à ce concert.
そのコンサートに行きたいな.

## conclusion [kɔ̃klyzjɔ̃ コンクリュズィオン] 女性名詞

結論, 結末

Quelle a été la conclusion de cette affaire ?
あの問題の結末はどうなったの？

## concours [kɔ̃kur コンクる] 男性名詞

コンクール, 選抜試験

Il a gagné le premier prix au concours de musique.
彼は音楽コンクールで1等賞をとった.

比較 ➡ examen

## condition [kɔ̃disjɔ̃ コンディスィオン] 女性名詞

条件, 状態

Je n'accepte pas ces conditions.
私はそれらの条件を受け入れません.

## conduire [kɔ̃dɥir コンデュイる] 他動詞・自動詞 活用33

運転する

Tu conduis trop vite !
君はスピードの出しすぎだ.

**permis de conduire** 免許証

## confiance [kɔ̃fjɑ̃s コンフィアンス] 女性名詞

信頼, 信用

Nous avons confiance en lui.
私たちは彼を信頼しています.

♪062

## confiture [kɔ̃fityr コンフィテュる] 女性名詞

ジャム

J'aime la confiture de fraises.
私はイチゴジャムが好きだ.

## confortable [kɔ̃fɔrtabl コンフォるタブル] 形容詞

快適な

Ils habitent dans une maison confortable.
彼らは居心地のよい家に住んでいます.

## congé [kɔ̃ʒe コンジェ] 男性名詞

休み

Je suis en congé. 私は休みなんです.

## connaissance [kɔnɛsɑ̃s コネサンス] 女性名詞

知識, (人と) 知り合うこと

Je suis heureux de faire votre connaissance.
お近づきになれてうれしく思います.

## connaître (connaitre) [kɔnɛtr コネトゥる] 他動詞 活用34

① (人を) 知っている, 知り合いである

Je ne connais personne à Paris.
私はパリに知り合いが1人もいません.

② (場所を) 知っている

Je connais un bon restaurant japonais.
私はいい日本料理店を知っています.

### se connaître (se connaitre) 代名動詞

知り合う

Vous vous connaissez ?
あなた方は知り合いなのですか?

## conseil [kɔ̃sɛj コンセユ] 男性名詞

アドバイス

Merci de votre conseil. ご忠告ありがとうございます.

**conseiller** [kɔ̃seje コンセィエ] [他動詞] [活用1]

勧める，アドバイスする

Je te conseille ce film.
私はその映画を君に勧めます.

〈de ＋ [不定詞]〉…することを勧める

Je te conseille de prendre le train de neuf heures.
9時の列車に乗るといいよ.

**consoler** [kɔ̃sɔle コンソレ] [他動詞] [活用1]

慰める

La mère a consolé son enfant.
お母さんは子どもを慰めた.

**construire** [kɔ̃strɥir コンストリュイル] [他動詞] [活用33]

建設する

On a construit un nouvel immeuble.
新しいビルが建った.

**consulter** [kɔ̃sylte コンスュルテ] [他動詞] [活用1]

相談する，調べる

Consultez le dictionnaire. 辞書を引きなさい.

**contact** [kɔ̃takt コンタクトゥ] [男性名詞]

接触，交渉

J'aimerais prendre contact avec elle.
彼女と連絡をとりたいのですが.

## content, contente [kɔ̃tɑ̃, kɔ̃tɑ̃t コンタン, コンタントゥ] [形容詞]

(de…) …に満足している

Je suis content de ma nouvelle voiture.
私は今度の車に満足している.

**continuer** [kɔ̃tinɥe コンティニュエ] 〔他動詞・自動詞〕〔活用1〕

続ける

Continuez et tournez à gauche avant le pont.
このまま行って橋の手前を左に曲がりなさい.

〈à＋不定詞〉…し続ける

Vous allez continuer à travailler ici ?
ここで働き続けるつもりですか?

**contraire** [kɔ̃trɛr コントゥれる]

1) 〔形容詞〕

反対の, 逆向きの

Regarder la télé pendant le repas, c'est contraire à nos habitudes.
食事中にテレビを見るのは, わが家の習慣に反します.

2) 〔男性名詞〕

逆, 反対

**au contraire** 反対に, それどころか

Tu es fatigué ? — Au contraire.
疲れたかい? — ちっとも.

**contre** [kɔ̃tr コントゥる] 〔前置詞〕

…に対抗して, …に備えて

Tu es en colère contre moi ?
あなたは私に腹を立てているの?

**convenable** [kɔ̃vnabl コンヴナブル] 〔形容詞〕

適当な, 満足すべき

Nous avons trouvé un hôtel convenable.
私たちは悪くないホテルを見つけた.

**convenir** [kɔ̃vnir コンヴニる] 〔自動詞〕〔活用14〕

(à…) …に都合がよい, ふさわしい

Cela vous convient ? あなたはそれでよろしいですか?

**conversation** [kɔ̃vɛrsasjɔ̃ コンヴェるサスィオン] **女性名詞**

会話

J'ai eu une longue conversation avec elle.
私は彼女と長話しをした.

**copain, copine** [kɔpɛ̃, kɔpin コパン, コピヌ] **名詞**

仲間, 友だち (話し言葉で)

Il part en vacances avec ses copains.
彼は仲間とバカンスに出発する.

**C**

**Corée (la)** [kɔre コれ] **固有名詞・女性**

朝鮮 (韓国)

**Corée du Nord** 北朝鮮　　**Corée du Sud** 韓国

**coréen, coréenne** [kɔreɛ̃, kɔreɛn コれアン, コれエヌ] **形容詞**

朝鮮 (韓国) の, 朝鮮 (韓国) 人の, 朝鮮 (韓国) 語の

**Coréen, Coréenne** **名詞**

朝鮮 (韓国) 人

**coréen** **男性名詞**

朝鮮 (韓国) 語

**corps** [kɔr コる] **男性名詞**

身体, 物体

Il a un très beau corps.　彼はとてもいい体格をしている.

**correct, correcte** [kɔrɛkt コレクトゥ] **形容詞**

正しい, 正確な

Ta réponse n'est pas correcte.
君の答えは正しくない.

**costume** [kɔstym コステュム] **男性名詞**

(男性用) スーツ

Il porte un costume bleu.
彼はブルーのスーツを着ている.

♪066

**côte** [kot コトゥ] **女性名詞**

海岸, 海岸地方

C'est une ville sur la côte ouest. それは西海岸の町です.

**côté** [kote コテ] **男性名詞**

側, 脇

〈à ～ de〉…の横に, そばに

Mon appartement est à côté de la gare.
私のアパルトマンは駅のそばにある.

**cou** [ku クゥ] **男性名詞**

首

**coucher** [kuʃe クゥシェ] **他動詞** **活用1**

寝かせる

Elle a couché son bébé.
彼女は赤ちゃんを寝かしつけた.

**se coucher** **代名動詞**

寝る

Je me couche maintenant.
私はもう寝ます.

**反対語 ➡** se réveiller, se lever

**coude** [kud クゥドゥ] **男性名詞**

ひじ

Il a mis ses coudes sur la table.
彼はテーブルにひじをついた.

**couler** [kule クゥレ] **自動詞** **活用1**

流れる

Le fleuve coule vers le sud.
河は南に向かって流れている.

### couleur [kulœr クゥルる] 女性名詞

色

De quelle couleur est ta voiture ? — Elle est rouge.
君の車は何色ですか？　　　　　　　— 赤です.

### couloir [kulwar クゥルワる] 男性名詞

廊下，通路

Votre chambre est au fond du couloir.
お部屋は廊下の奥でございます.

### coup [ku クゥ] 男性名詞

打つこと，打撃

**tout à coup / tout d'un coup**　突然，急に

Tout à coup, il a commencé à pleuvoir.
突然, 雨が降りだした.

### couper [kupe クゥペ] 他動詞・自動詞 活用1

切る，切れる

Elle coupe du pain.　彼女はパンを切る.

### se couper 代名動詞

自分の…を切る，けがをする

Il s'est coupé au doigt avec un couteau.
彼はナイフで指を切った.

### cour [kur クゥる] 女性名詞

中庭，校庭

Les élèves jouent dans la cour.
生徒たちは校庭で遊んでいます.

### courage [kuraʒ クゥらジュ] 男性名詞

勇気，元気

Aie du courage !　元気を出して！

## courir [kurir クゥりる] 自動詞 活用16

走る, 駆ける, (乗物が) 進む

Tu cours très vite !
君はとても足が速いね！

## cours [kur クゥる] 男性名詞

授業

Tu as combien de cours le jeudi ?
あなたは木曜日はいくつ授業があるの？

## course [kurs クゥるス] 女性名詞

走ること, レース, (複数で) 買い物

Le Tour de France est une course très populaire.
ツール・ド・フランスはとても人気のあるレースです.

Je vais faire des courses avec Nicole.
私はニコルと一緒に買い物に行きます.

## court, courte [kur, kurt クゥる, クゥるトゥ] 形容詞

短い

Elle a les cheveux courts.
彼女は短い髪をしている.

反対語 ➡ long

## cousin, cousine [kuzɛ̃, kuzin クゥザン, クゥズィヌ] 名詞

いとこ

C'est mon cousin Pierre.
こちらはいとこのピエールです.

## couteau [kuto クゥト] (複数 couteaux) 男性名詞

ナイフ, 包丁

Ce couteau ne coupe pas bien.
この包丁はよく切れない.

## coûter (couter) [kute クゥテ] 自動詞 活用1

値段が…である

Ça coûte combien ?
それはいくらですか？

## couvert, couverte [kuvɛr, kuvɛrt クゥヴェる, クゥヴェるトゥ] 形容詞

(…de)…で覆われた，（空が）曇った

Le ciel sera couvert demain.　明日は曇り空でしょう．

**C**

## couverture [kuvɛrtyr クゥヴェるテュる] 女性名詞

毛布，カバー

Je voudrais une autre couverture, s'il vous plaît.
毛布をもう1枚欲しいのですが．

## couvrir [kuvrir クゥヴりる] 他動詞 活用18

覆う

La neige couvrait tout le parc.
雪が公園をすっかり覆っていた．

## craindre [krɛ̃dr クらンドゥる] 他動詞 活用35

恐れる，心配する

Il craint le mauvais temps.　彼は悪天候を心配している．

## cravate [kravat クらヴァトゥ] 女性名詞

ネクタイ

Il porte une cravate bleue.
彼は青いネクタイを締めている．

## crayon [krɛjɔ̃ クれイオン] 男性名詞

鉛筆

Les écoliers écrivent avec un crayon.
小学生は鉛筆で字を書く．

crayon de couleur(s)　色鉛筆

**créer** [kree クれエ] 〔他動詞〕〔活用1〕

創造する，創設する

Il a créé sa société l'année dernière.
彼は去年自分の会社を作りました.

**crème** [krɛm クれム] 〔女性名詞〕

クリーム

café crème　カフェクレーム（ミルク入りコーヒー）

chou à la crème　シュークリーム

**crier** [krije クリィエ] 〔自動詞〕〔活用1〕

叫ぶ，泣く

J'ai entendu crier un bébé.
赤ん坊の泣いているのが聞こえた.

**crime** [krim クリム] 〔男性名詞〕

犯罪

C'est un crime.
それは犯罪だよ.

**croire** [krwɑr クるワる] 〔他動詞〕〔活用36〕

思う，信じる

Je crois que Michel a tort.
私はミシェルが間違っていると思う.

**croissant** [krwasɑ̃ クるワサン] 〔男性名詞〕

クロワッサン

Il a mangé des croissants au petit déjeuner.
彼は朝ごはんにクロワッサンを食べた.

**cuiller, cuillère** [kɥijɛr キュイィェる] 〔女性名詞〕

スプーン

♪071

**cuir** [kɥir キュイる] 男性名詞

革, レザー

C'est un sac en cuir.　皮製のバッグです.

**cuire** [kɥir キュイる] 自動詞・他動詞 活用33

煮る, 煮える, 焼く, 焼ける

Je cuis le pain chaque matin.　私は毎朝パンを焼きます.

## cuisine [kɥizin キュイズィヌ] 女性名詞

① 料理

Vous aimez la cuisine française ?
フランス料理はお好きですか？

② キッチン, 台所

La cuisine est très grande.　キッチンがとても大きい.

**cuit, cuite** [kɥi, kɥit キュイ, キュイトゥ] 形容詞

煮えた, 焼けた

J'aime la viande bien cuite.
私はよく焼いた肉 (ウェルダン) が好きだ.

**cultiver** [kyltive キュルティヴェ] 他動詞 活用1

耕す, 栽培する

Dans cette région, on cultive des fraises.
この地方ではイチゴが栽培されている.

**culture** [kyltyr キュルテュる] 女性名詞

文化

la culture française　フランス文化

**curieux, curieuse** [kyrjø, kyrjøz キュリウ, キュリウズ] 形容詞

興味深い, 好奇心の強い

C'est une curieuse histoire.　それは奇妙な話なのです.

## 動物

**animal** 男 動物

**cheval** 男
ウマ（馬）

**chèvre** 女
ヤギ（山羊）

**mouton** 男
ヒツジ（羊）

**lion** 男
ライオン

**chien** 男
イヌ（犬）

**chat** 男
ネコ（猫）

**porc** 男
ブタ（豚）

**bœuf** 男
ウシ（牛）

# D

**d'** → ① de 前置詞 , ② de 冠詞

## d'abord [dabɔr ダボる] 副詞句 ♪

初めに，第一に

Je vais d'abord à Paris.　私はまずパリに行きます.

## d'accord [dakɔr ダコる] 副詞句

① 賛成である

Tu es d'accord avec moi ?　君は私に賛成ですか？

② [同意] わかった，いいですよ

Alors à midi devant la gare.　― D'accord.
じゃあ正午に駅の前で.　　　　― わかった.

## dame [dam ダム] 女性名詞

女性，婦人

Il parle avec une dame dans la rue.
彼は路上である婦人と話している.

[ 注意：femme より丁寧な言い方 ]

## danger [dɑ̃ʒe ダンジェ] 男性名詞

危険

La vie du malade est en danger.　病人は危険な状態だ.

## dangereux, dangereuse

[dɑ̃ʒrø, dɑ̃ʒrøz ダンジュる, ダンジュるズ] 形容詞

危険な

Il est dangereux de traverser la rue ici.
ここで道路を渡るのは危険です.

♪074

## dans [dɑ̃ ダン] [前置詞]

### ① [場所] …の中で，…の中に

Il y a des arbres dans le jardin.
庭には木があります.

### ② [時期] …のあいだに

Passez dans l'après-midi.
午後にお立寄りください.

### ③ [時間] …後に

Mon père revient des États-Unis dans une semaine.
父は1週間後に米国から帰ってきます.

## danse [dɑ̃s ダンス] [女性名詞]

ダンス

Elle apprend la danse espagnole.
彼女はスペイン舞踊を習っている.

## danser [dɑ̃se ダンセ] [自動詞・他動詞] [活用1]

踊る

Tu danses très bien !
あなたはダンスがとても上手ですね！

## danseur, danseuse [dɑ̃sœr, dɑ̃søz ダンスる, ダンスズ] [名詞]

ダンサー

Ma sœur est une bonne danseuse.
私の姉（妹）はダンスが上手だ.

## date [dat ダトゥ] [女性名詞]

日付

Quelle est votre date de naissance ?
あなたの生年月日はいつですか？

**de** [də ドゥ] (母音の前でd') [前置詞]

① [所有・所属] …の

Demain, c'est l'anniversaire de ma mère.
明日は母の誕生日だ.

② [性質・特徴] …の

Où est la station de métro ?
地下鉄の駅はどこですか?

③ [出発・出身] …から

Il est de quel pays ?  彼はどこの国の出身ですか?

④ 〈[名詞] de [地名]〉

la gare de Tokyo  東京駅
la ville de Paris  パリ市

⑤ [数量表現] de ＋ [名詞]

Un kilo de tomates, s'il vous plaît.
トマトを1キロください.

> 注意：次に定冠詞男性単数形 le および定冠詞複数形 les がく
> ると，それぞれ du および des に縮約する．→ du, des

**de** [də ドゥ] (母音の前でd') [冠詞]

① (不定冠詞・部分冠詞が否定文の直接目的語の前で変形
したもの)

Il ne porte pas de cravate.
彼はネクタイをしていません.
(← Il porte une cravate.)

② (不定冠詞複数 des が形容詞の直前で変形したもの)

Il y a de belles fleurs.
きれいな花があります.
(← Il y a des fleurs.)

**debout** [d(ə)bu ドゥブゥ] [副詞]

立って

Ne mange pas debout.
立ったままで食べないで.

**début** [deby デビュ] [男性名詞]

初め，初期

Nous partirons en vacances début juillet.
私たちは 7 月初めにバカンスに出発します.

反対語 ➡ fin

**décembre** [desɑ̃br デサンブる] [男性名詞]

12 月

C'est aujourd'hui le 20 décembre.
今日は 12 月 20 日です.

**décider** [deside デスィデ] [他動詞・自動詞] [活用1]

決める

Tu as décidé la date du départ ?
出発の日を決めたかい？

〈de + [不定詞]〉…することを決める

J'ai décidé d'aller à Paris.
私はパリに行くことに決めた.

**se décider** [代名動詞]

決心する

Nous nous sommes finalement décidés à acheter cet
appartement.
結局，私たちはこのマンションを買うことに決めた.

**déclarer** [deklare デクラれ] [他動詞] [活用1]

宣言する，申告する

Vous avez quelque chose à déclarer ?
何か申告すべきものをお持ちですか？

**découvrir** [dekuvrir デクゥヴりる] [他動詞] [活用18]

発見する

Il a découvert un nouveau médicament contre la grippe.

彼はインフルエンザの新薬を発見した.

**dedans** [dədɑ̃ ドゥダン] [副詞]

中で，中に

Qu'est-ce qu'il y a dedans ?

中に何が入っているのですか？

**D**

**défense** [defɑ̃s デファンス] [女性名詞]

禁止，防衛

Défense de fumer　禁煙

**dehors** [dəɔr ドオる] [副詞]

外で，外へ

Les enfants, allez jouer dehors.

子どもたち，外へ行って遊びなさい.

　反対語 ➡ dedans

**déjà** [deʒa デジャ] [副詞]

もう，すでに

Il est déjà neuf heures.　もう9時だ.

　反対語 ➡ encore

**déjeuner** [deʒœne デジゥネ]

1) [男性名詞]

昼食

Qu'est-ce qu'on mange pour le déjeuner ?

昼ごはんに何を食べましょうか？

2) 自動詞 活用1

昼食をとる

Vous avez faim ?
— Non, nous venons de déjeuner.
空腹ですか？
— いいえ，私たちは昼食を食べたばかりです.

## de l' → du, de la 部分冠詞

## de la [d(ə)la ドゥラ] (母音の前でde l') 部分冠詞・女性形 ♪

いくらかの

Donnez-moi de l'eau, s'il vous plaît.
私に水をください.

[ 注意：男性形→ du ]

## délicieux, délicieuse

[delisjø, delisjøz デリスィウ, デリスィウズ] 形容詞

おいしい，心地よい

C'est délicieux, ce gâteau !
このケーキ，おいしいですね！

## demain [d(ə)mɛ̃ ドゥマン] 副詞

明日

Tu es libre demain ? 明日は暇ですか？
À demain ! また明日！

## demander [d(ə)mɑ̃de ドゥマンデ] 他動詞 活用1

たずねる，頼む

On vous demande au téléphone. あなたに電話ですよ.

## demi, demie [d(ə)mi ドゥミ] 形容詞

半分の

Il faut une demi-heure d'ici à la gare.
ここから駅まで30分かかります.

> ┌ **注意**：名詞の前に置き，ハイフンで繋ぐ.
> └ この場合性数不変.

〈時刻 + **et demi (e)**〉…時半

Il est dix heures et demie.  10 時半です.

## demoiselle [d(ə)mwazɛl ドゥムワゼル] **女性名詞** ♪

お嬢さん，娘さん

Vous connaissez cette demoiselle ?
あなたはあのお嬢さんをご存知なのですか？

> ┌ **注意**：jeune fille より丁寧な言い方. 呼びかけには
> └ mademoiselle を用いる.

## dent [dɑ̃ タン] **女性名詞**

歯

J'ai mal aux dents depuis ce matin.
今朝から歯が痛い.

## dentiste [dɑ̃tist ダンティストゥ] **名詞**

歯科医

Je n'aime pas aller chez le dentiste.
私は歯医者に行くのが好きではない.

## départ [depar デパる] **男性名詞**

出発

Il y a encore trois jours avant le départ.
出発までまだ 3 日あります.

**反対語 ➡** arrivée

## dépêcher (se) [depeʃe デペシェ] **代名動詞** **活用1**

急ぐ

Dépêchons-nous !  急ぎましょう.

♪080

**dépendre** [depãdr デパンドゥる] 自動詞 活用30

(…de) …による，依存する

Cela dépend de toi. それは君次第だ.

**Ça dépend.** それは時と場合による.

## depuis [dəpyi ドゥピュイ] 前置詞

…から，…以来 [起点]

Elle est au Japon depuis sept ans.
彼女は7年前から日本にいます.

**déranger** [derãʒe でらんジェ] 他動詞 活用3

邪魔をする，迷惑をかける

Excusez-moi de vous déranger. お邪魔してすみません.

## dernier, dernière
[dɛrnje, dɛrnjɛr でるニエ, でるニエる] 形容詞

最後の，最新の，この前の

C'est le dernier train.
これが終電です.

**la semaine dernière** 先週
**le mois dernier** 先月
**l'année dernière** 去年

反対語 ➡ premier, prochain

## derrière [dɛrjɛr デリエる] 前置詞

…の後ろに

Il y a un petit jardin derrière la maison.
家の裏には小さな庭があります.

反対語 ➡ devant

## des [de デ] 不定冠詞

いくつかの，何人かの

Tu as des amis à Paris ? 君はパリに友達がいますか？

> 注意：①直接目的語の前の des は否定文では de にかわる.
>   → de [冠詞] ①
>   ②後に [形容詞] + [名詞] が来ると原則として de にかわる.
>   → de [冠詞] ②

## des [de デ] (前置詞 de と定冠詞 les の縮約形) (→ de [前置詞]) ♪

Il vient des États-Unis.
彼はアメリカ合衆国から来ています.

## dès [dɛ デ] [前置詞]

…から (すぐに)

Dès mon arrivée à Paris, j'ai visité le musée du Louvre.
パリに着くとすぐに, 私はルーブル美術館を訪れた.

**dès maintenant** 今から

## descendre

[desɑ̃dr デサンドゥる] [自動詞] [活用30] (助動詞は être)

降りる, 下る

Pardon, je descends. (乗り物で) すみません, 降ります.

**反対語 ➡ monter**

## désirer [dezire デズィれ] [他動詞] [活用1]

望む

Qu'est-ce que vous désirez ? (=Vous désirez ?)
(店員が客に向かって) 何をお求めですか?

## désolé, désolée [dezɔle デゾレ] [形容詞]

申しわけない

Désolé, je ne peux pas sortir avec toi.
悪いけれど, 君と外出できないんだ.

## dessert [desɛr デセる] [男性名詞]

デザート

Que voulez-vous comme dessert ?
デザートは何になさいますか?

♪082

**dessin** [desɛ̃ デサン] 〔男性名詞〕

デッサン

Mon fils adore les dessins animés.
私の息子はアニメが大好きだ.

**dessiner** [desine デスィネ] 〔他動詞〕 〔活用1〕

デッサンする, (線で) 描く

Il dessine très bien. 彼は絵がとてもうまい.

**détail** [detaj デタユ] 〔男性名詞〕

詳細

Donne-moi les détails de ton voyage.
あなたの旅行について詳しく教えて.

**détruire** [detrɥir デトゥリュイる] 〔他動詞〕 〔活用33〕

破壊する, 損なう

On a détruit la vieille maison.
あの古い家は壊された.

## deux [dø ドゥ] 〔数詞〕

2

J'ai deux frères. 私は兄弟が2人います.

## deuxième [døzjɛm ドゥズィエム] 〔序数詞〕

2番目の

C'est mon deuxième fils.
これは私の次男です.

比較 ➡ second

## devant [d(ə)vɑ̃ ドゥヴァン] 〔前置詞〕

[場所] …の前に, …の前を

Elle marche devant son père.
彼女はお父さんの前を歩いています.

反対語 ➡ derrière

**devenir** [dəv(ə)nir ドゥヴニーる] [自動詞] [活用14] (助動詞はêtre)

…になる

Il est devenu riche.　彼は金持ちになりました.

**devoir** [d(ə)vwar ドゥヴワる]

1) [他動詞] [活用20]

〈＋[不定詞]〉…すべきである，しなければならない

Je dois travailler à la maison.
私は家で勉強しなければならない.

2) [男性名詞]

宿題，義務

Finis tes devoirs.
宿題をすませなさい.

**dictionnaire** [diksjɔnɛr ディクスィオネる] [男性名詞]

辞書

Tu me prêtes ce dictionnaire ?
この辞書を私に貸してくれない？

**dieu** [djø ディゥ] (複数 dieux) [男性名詞]

神

Mon Dieu !　ああ！ [驚き，喜び，怒りなど]

**différence** [diferãs ディフェらンス] [女性名詞]

違い，差

Quelle est la différence entre ces deux mots ?
この2つの言葉の違いは何ですか？

**différent, différente**
[diferã, diferãt ディフェらン, ディフェらントゥ] [形容詞]

別の，異なる

Il y a ici des étudiants de différents pays.
ここにはいろいろな国の学生がいます.

♪084

## difficile [difisil ディフィスィル] 形容詞

難しい

C'est un livre difficile.
それは難しい本です.

反対語 ➡ facile

## difficulté [difikylte ディフィキュルテ] 女性名詞

困難

Elle marche avec difficulté.
彼女は歩くのに苦労しています.

**sans difficulté** 容易に

## dimanche [dimɑ̃ʃ ディマンシュ] 男性名詞

日曜日

Qu'est-ce que tu fais dimanche ?
あなたは日曜日に何をしますか?

## dîner (diner) [dine ディネ]

1) 自動詞 活用1

夕食をとる

Nous dînons ensemble ce soir ?
今晩一緒に夕ご飯を食べましょうか?

2) 男性名詞

夕食

Le dîner est à quelle heure ? 夕食は何時ですか?

## dire [dir ディル] 他動詞 活用37

言う

Il ne dit rien.
彼は何も言わない.

**direct, directe** [dirɛkt ディレクトゥ] 形容詞

直接の

C'est un train direct pour Paris.
これはパリ行きの直行列車です.

**directement** [dirɛktəmɑ̃ ディレクトゥマン] 副詞

直接に

Tu vas directement à Rome ?
君はまっすぐローマに行くのかい？

**directeur, directrice**
[dirɛktœr, dirɛktris ディレクトゥる, ディレクトゥりス] 名詞

長（部長, 所長, 校長など）

Je voudrais parler au directeur.
部長さんにお話したいのですが.

**direction** [dirɛksjɔ̃ ディレクスィオン] 女性名詞

方向, 方角

C'est dans cette direction.　それはこの方向です.

**discussion** [diskysjɔ̃ ディスキュスィオン] 女性名詞

議論

Nous avons eu une discussion au café.
私たちはカフェで議論をした.

**discuter** [diskyte ディスキュテ] 自動詞・他動詞 活用1

議論する

Je ne veux pas discuter avec lui.
彼とは議論したくない.

♪086

**disparaître (disparaitre)** [disparɛtr ディスパれトゥる]

〔自動詞〕〔活用34〕

消える，いなくなる

L'homme a disparu sans dire son nom.
その男は名前も言わずに立ち去った．

**distance** [distɑ̃s ディスタンス] 〔女性名詞〕

距離

La gare est à quelle distance d'ici ?
駅までここからどのくらい距離がありますか？

**divers, diverse** [divɛr, divɛrs ディヴェる, ディヴェるス] 〔形容詞〕

いろいろの

Ce mot a divers sens.
この単語はいくつかの意味を持っている．

**dix** [dis ディス] 〔数詞〕

10

La poste est à dix minutes.
郵便局は 10 分のところにあります．

> 注意： 後に子音で始まる名詞がくると [di]，母音で始まる名
>   詞がくると [diz] となってリエゾンを生ずる．
>   dix livres [dilivr ディリヴる] 10 冊の本
>   dix ans [dizɑ̃ ディザン] 10 年，10 才

**dix-huit** [dizɥit ディズュイトゥ] 〔数詞〕

18

**dixième** [dizjɛm ディズィエム] 〔序数詞〕

10 番目の，10 回目の

## dix-neuf [diznœf ディズヌフ] 数詞

19

## dix-sept [di(s)sɛt ディ(ス)セトゥ] 数詞

17

**dizaine** [dizɛn ディゼヌ] 女性名詞

〈une ～ de + 名詞〉 およそ 10 の…

Il y avait une dizaine de personnes dans la salle.
部屋の中には 10 人ほどの人がいました.

**docteur** [dɔktœr ドクトゥる] 名詞

医師, 博士, [医師に対する呼びかけ] 先生

Je voudrais prendre rendez-vous avec le docteur.
先生に診察の予約をお願いしたいのですが.

[ 注意：女性医師にもおなじ言葉を用いる. ]

**doigt** [dwɑ ドゥワ] 男性名詞

指

Elle a levé le doigt pour demander la parole.
発言を求めて, 彼女は (人差) 指を挙げた.

**dollar** [dɔlar ドラる] 男性名詞

ドル (米国などの通貨)

## dommage [dɔmaʒ ドマジュ] 男性名詞

残念なこと, 損害

C'est dommage ! それは残念だ !

## donc [dɔ̃(k) ドン(ク)]

1) 接続詞

だから, それゆえ

Ah, vous êtes donc étudiant ?
それじゃあ, あなたは学生なんですか?

D

♪088

2) 副詞

いったい，さあ，まさか［疑問・命令・驚きなどの強調］

Dis donc ! ねえ，ちょっと！（相手の注意を引く表現）

## donner [dɔne ドネ] 他動詞 活用1 ♪

与える

Donne-moi ton adresse.
君の住所を教えて.

## dont [dɔ̃ ドン] 関係代名詞

…ところの

C'est un film dont on parle beaucoup.
これは評判になっている映画です.

## dormir [dɔrmir ドるミる] 自動詞 活用15

眠る

Je ne dors pas bien. よく眠れません.

比較 ➡ se coucher

## dos [do ド] 男性名詞

背中

Le sac à dos est à la mode.
リュックサックがはやっている.

## d'où [du ドゥ] 疑問副詞

どこから

D'où venez-vous ? どこからいらっしゃったのですか？

［注意：de 前置詞 + où から］

## double [dubl ドゥブル] 形容詞

ダブルの

Vous voulez une chambre double ?
ダブルの部屋をご希望ですか？

**doucement** [dusmɑ̃ ドゥスマン] 副詞

　そっと，やさしく

　Marchez plus doucement dans le couloir.
　廊下はもっと静かに歩きなさい.

**douche** [duʃ ドゥシュ] 女性名詞

　シャワー

　Il prend une douche avant d'aller au bureau.
　彼は会社に行く前にシャワーを浴びる.

　比較 ➡ bain

**D**

**doute** [dut ドゥトゥ] 男性名詞

　疑い

　**sans doute** おそらく，多分

　Tu as raison, sans doute. 多分君の言うとおりだ.

**douter** [dute ドゥテ] 自動詞 活用1

　(de …)…を疑う

　Je ne doute pas de ton succès.
　私は君の成功を疑っていない.

**doux, douce** [du, dus ドゥ, ドゥス] 形容詞

　① 甘い，穏やかな，優しい

　　Mon père est très doux avec moi.
　　父は私にとても優しい.

　　vin doux 甘口ワイン

　　eau douce 淡水

　② 非人称 Il fait doux. （気候が）暖かい，穏やかだ.

**douzaine** [duzɛn ドゥゼヌ] 女性名詞

　〈une ～ de ＋ 名詞〉 1 ダースの…

　Va acheter une douzaine d'œufs.
　卵を 1 ダース買ってきて.

## douze [duz ドゥズ] 数詞

12

## drap [dra ドゥら] 男性名詞

シーツ

Changez les draps, s'il vous plaît.
シーツを替えてください.

## drapeau [drapo ドゥらポ] (複数 drapeaux) 男性名詞

旗, 国旗

Le drapeau français est bleu, blanc et rouge.
フランス国旗は青, 白, 赤である.

## droit, droite [drwa, drwat ドゥるワ, ドゥるワトゥ] 形容詞

① 右の, 右側の

Elle lève la main droite. 彼女は右手を挙げる.

反対語 ➡ gauche

② まっすぐな

une rue droite まっすぐな道

## droit [drwa ドゥるワ] 副詞

まっすぐに

Allez tout droit. まっすぐに行きなさい.

[ 注意：tout droit の形で用いられることが多い. ]

## droite [drwat ドゥるワトゥ] 女性名詞

右, 右側

Allez à droite. 右に行きなさい.

反対語 ➡ gauche

♪091

## du [dy デュ] (母音の前でde l') 部分冠詞・男性形

いくらかの

Tu prends du vin ou de la bière ?
ワインにする，それともビールにする？

Vous avez de l'argent ?
あなたはお金をいくらかお持ちですか？

［ 注意：女性形 → de la ］

## du [dy デュ] (前置詞de＋定冠詞leの縮約形) (→ de 前置詞)

Tu connais le nom du garçon ?
君はその少年の名前を知っているの？

## dû → devoir

## dur, dure [dyr デュる] 形容詞

堅い，ハードな，つらい

Cette pomme est dure.　このリンゴはかたい．

œuf dur　ゆで卵

## durer [dyre デュれ] 自動詞 活用1

続く，持続する

Ce beau temps ne durera pas longtemps.
この晴天は長続きしないでしょう．

D

## 基数詞・序数詞

| | 基数詞 | 序数詞 |
|---|---|---|
| 0 | zéro | —— |
| 1 | un, une | premier (1er) 男　première (1ère) 女 |
| 2 | deux | deuxième (2e) 男・女 (注) |
| 3 | trois | troisième (3e) 男・女 |
| 4 | quatre | quatrième (4e) 男・女 |
| 5 | cinq | cinquième (5e) 男・女 |
| 6 | six | sixième (6e) 男・女 |
| 7 | sept | septième (7e) 男・女 |
| 8 | huit | huitième (8e) 男・女 |
| 9 | neuf | neuvième (9e) 男・女 |
| 10 | dix | dixième (10e) 男・女 |
| 11 | onze | onzième (11e) 男・女 |
| 12 | douze | douzième (12e) 男・女 |
| 13 | treize | treizième (13e) 男・女 |
| 14 | quatorze | quatorzième (14e) 男・女 |
| 15 | quinze | quinzième (15e) 男・女 |
| 16 | seize | seizième (16e) 男・女 |
| 17 | dix-sept | dix-septième (17e) 男・女 |
| 18 | dix-huit | dix-huitième (18e) 男・女 |
| 19 | dix-neuf | dix-neuvième (19e) 男・女 |
| 20 | vingt | vingtième (20e) 男・女 |

| 21 | vingt(-)et(-)un / une | 30 | trente |
|---|---|---|---|
| 22 | vingt-deux | 31 | trente(-)et(-)un / une |
| 23 | vingt-trois | 32 | trente-deux |
| 24 | vingt-quatre | 33 | trente-trois |
| 25 | vingt-cinq | 34 | trente-quatre |
| 26 | vingt-six | 35 | trente-cinq |
| 27 | vingt-sept | 36 | trente-six |
| 28 | vingt-huit | 37 | trente-sept |
| 29 | vingt-neuf | 38 | trente-huit |
| | | 39 | trente-neuf |

## 基数詞・序数詞

| | | | |
|---|---|---|---|
| 40 | quarante | 50 | cinquante |
| 41 | quarante(-)et(-)un / une | 51 | cinquante(-)et(-)un / une |
| 42 | quarante-deux | 52 | cinquante-deux |
| 43 | quarante-trois | 53 | cinquante-trois |
| 44 | quarante-quatre | 54 | cinquante-quatre |
| 45 | quarante-cinq | 55 | cinquante-cinq |
| 46 | quarante-six | 56 | cinquante-six |
| 47 | quarante-sept | 57 | cinquante-sept |
| 48 | quarante-huit | 58 | cinquante-huit |
| 49 | quarante-neuf | 59 | cinquante-neuf |
| 60 | soixante | 70 | soixante-dix |
| 61 | soixante(-)et(-)un / une | 71 | soixante(-)et(-)onze |
| 62 | soixante-deux | 72 | soixante-douze |
| 63 | soixante-trois | 73 | soixante-treize |
| 64 | soixante-quatre | 74 | soixante-quatorze |
| 65 | soixante-cinq | 75 | soixante-quinze |
| 66 | soixante-six | 76 | soixante-seize |
| 67 | soixante-sept | 77 | soixante-dix-sept |
| 68 | soixante-huit | 78 | soixante-dix-huit |
| 69 | soixante-neuf | 79 | soixante-dix-neuf |
| 80 | quatre-vingts | 90 | quatre-vingt-dix |
| 81 | quatre-vingt-un / une | 91 | quatre-vingt-onze |
| 82 | quatre-vingt-deux | 92 | quatre-vingt-douze |
| 83 | quatre-vingt-trois | 93 | quatre-vingt-treize |
| 84 | quatre-vingt-quatre | 94 | quatre-vingt-quatorze |
| 85 | quatre-vingt-cinq | 95 | quatre-vingt-quinze |
| 86 | quatre-vingt-six | 96 | quatre-vingt-seize |
| 87 | quatre-vingt-sept | 97 | quatre-vingt-dix-sept |
| 88 | quatre-vingt-huit | 98 | quatre-vingt-dix-huit |
| 89 | quatre-vingt-neuf | 99 | quatre-vingt-dix-neuf |

| | | | |
|---|---|---|---|
| 100 | cent | | |
| 1000 | mille | 100.000 | cent(-)mille |
| 10.000 | dix(-)mille | 1.000.000 | un million |

(注) second, seconde を参照

*quatre-vingt-treize* 93

## E

### eau [o オ] (複数 eaux) 女性名詞

水

Donnez-moi de l'eau, s'il vous plaît.
私に水をください.

**eau minérale** ミネラルウォーター

### échouer [eʃwe エシュエ] 自動詞 活用1

(à…) …に失敗する

Il a échoué à son examen. 彼は試験に失敗した.

反対語 ➡ réussir

### école [ekɔl エコル] 女性名詞

学校

Mon école commence le premier octobre.
私の学校は 10 月 1 日に始まる.

### économie [ekɔnɔmi エコノミ] 女性名詞

経済, 経済学

Il étudie l'économie japonaise.
彼は日本経済を学んでいます.

### économique [ekɔnɔmik エコノミク] 形容詞

経済の

Les conditions économiques sont difficiles.
経済状況は困難である.

### écouter [ekute エクッテ] 他動詞 活用1

聞く, 耳を傾ける

Il écoute de la musique.
彼は音楽を聴いている.

### écrire [ekrir エクりる] [他動詞] [活用38]

書く

Écrivez votre nom ici.
ここにあなたの名前を書いてください.

### éducation [edykasjɔ̃ エデュカスィオン] [女性名詞]

教育

### effet [efɛ エフェ] [男性名詞]

結果, 効果

**en effet** たしかに, 実際

Je t'ai vu hier à la gare.
— En effet, j'y suis allé acheter un billet.
昨日, 君を駅で見かけたよ.
— 実は, 切符を買いに行ったんだ.

**E**

### effort [efɔr エフォる] [男性名詞]

努力

Avec plus d'efforts, tu réussiras.
もっと努力すれば君は成功するだろう.

### égal, égale [egal エガル] (男性複数 égaux) [形容詞]

等しい, 平等の

Ça m'est égal. それは私にはどちらでもいい.

### également [egalmɑ̃ エガルマン] [副詞]

同様に

Alors, tu viendras ?
— Mais oui, et mes enfants également.
じゃあ, 来てくれるね?
— もちろん, 子どもたちもいっしょにうかがうよ.

### église [egliz エグリズ] [女性名詞]

教会

Il y a une vieille église dans la ville.
町には古い教会があります.

♪096

**eh bien** [e bjɛ̃ エ ビアン] [間投詞句]

おや，それで，じゃあ
[驚き，呼びかけ，つなぎの言葉など]

Qu'est-ce que tu feras s'il pleut ?
— Eh bien, j'irai au cinéma.
雨が降ったら君は何をする？
— そうねえ，映画に行くよ.

**électricité** [elɛktrisite エレクトゥリスィテ] [女性名詞]

電気

**élégant, élégante** [elegɑ̃, elegɑ̃t エレガン，エレガントゥ] [形容詞]

上品な，優雅な

Sa robe noire est très élégante.

彼女の黒いドレスはとてもエレガントです.

## **élève** [elɛv エレヴ] [名詞]

生徒

Dans cette classe, il y a seize élèves.
このクラスには生徒が 16 名います.

比較➡ étudiant, étudiante

**élever** [el(ə)ve エルヴェ] [他動詞] [活用4]

上げる，建てる，育てる

Ils ont élevé trois enfants. 彼らは 3 人の子を育てた.

## **elle, elles** [ɛl エル]

1) [主語人称代名詞]

① （人を表わす）彼女は，彼女たちは

Elle est jeune ? — Oui, elle a dix-huit ans.
彼女は若いのですか？ — ええ，18才です.

② （ものを表わす）それは，それらは

Où est ta voiture ? — Elle est devant la gare.
君の車はどこにあるの？ — 駅の前だよ.

2) 強勢形人称代名詞

彼女, 彼女たち

Je vais au Japon avec elle.　私は彼女と日本に行く.

**e-mail** [imɛl イメル] **男性名詞** ♪

Eメール, 電子メール

J'envoie un e-mail à mon collègue.
私は同僚にEメールを送る.

**emmener** [ɑ̃m(ə)ne アンムネ] **他動詞** **活用4**

連れて行く

Tu pourrais m'emmener au restaurant italien ?
イタリアンレストランに私を連れて行ってくれる？

**empêcher** [ɑ̃peʃe アンペシェ] **他動詞** **活用1**

妨げる, 邪魔をする

Le mauvais temps m'a empêché de sortir.
悪天候のため私は外出できなかった.

**employé, employée** [ɑ̃plwaje アンプルワィエ] **名詞**

従業員, 会社員

Nous n'avons pas besoin de nouveaux employés.
私たちは新たな従業員を必要としていません.

**employer** [ɑ̃plwaje アンプルワィエ] **他動詞** **活用10**

(物を) 用いる, (人を) 雇う

Il emploie environ deux cents personnes.
彼は約200人の人を雇っている.

**emprunter** [ɑ̃prœ̃te アンプ랑テ] **他動詞** **活用1**

借りる

Je voudrais emprunter ce livre.
この本を借りたいのですが.

## en [ɑ̃ アン] 前置詞

### ① [場所] …で，…に

Cet été, ils vont en France.
この夏，彼らはフランスに行きます.

### ② [年号・月など] …に

Je reviens en décembre.　私は 12 月に戻ってきます.

### ③ [手段・方法] …で

Tu y vas en train ou en voiture ?
そこへは列車で行くの，それとも車で行くの？

### ④ [材質] …でできた

sac en papier　紙袋

### ⑤ [所要時間] …で

Je finis ce travail en vingt minutes.
この仕事を 20 分でやります.

### ⑥ [状態・性質] …の

Ma sœur est en troisième année d'université.
私の姉（妹）は大学 3 年生です.

### ⑦ 〈en ＋ 現在分詞〉 [ジェロンディフ]

Ne mange pas en lisant le journal.
新聞を読みながら食べないで.

## en [ɑ̃ アン] 中性代名詞

### ① [de ＋ 名詞 に代る] そこから，そのことを

Il est revenu de Paris ?
— Non, il n'en est pas revenu.
彼はパリから戻ってきましたか？
— いいえ，（そこから）戻ってこなかったのです.

### ② [不定冠詞複数，部分冠詞＋ 名詞 に代る] それを

Il reste encore du vin. Tu en veux ?
まだワインが残っている. 君いるかい？

③ [数詞＋名詞 に代る]

Vous avez des frères ?　　— Oui, j'en ai un.
兄弟はおありですか？　　— はい，1 人います.

**enchanté, enchantée** [ɑ̃ʃɑ̃te アンシャンテ] 形容詞 ♪

(de…) …でうれしい

Je suis enchanté(e) de faire votre connaissance.
お知り合いになれて光栄です.

## encore [ɑ̃kɔr アンコる] 副詞

① [追加] もっと，更に

Vous voulez encore du gâteau ?
ケーキをもっといかがですか？

② まだ，相変わらず

Il pleut encore ?　まだ雨が降っていますか？

③ [否定文で] まだ…ない

Il n'est pas encore arrivé.　彼はまだ来ない.

反対語 ➡ déjà

④ [反復] また，再び

Pourriez-vous répéter encore une fois ?
もう 1 度繰返していただけませんか？

**endormir (s')** [ɑ̃dɔrmir アンドるミる] 代名動詞 活用15

眠りに就く

Je me suis vite endormi.　私はすぐに眠った.

**endroit** [ɑ̃drwa アンドゥるワ] 男性名詞

場所

Je vais visiter des endroits célèbres.
私は名所を訪ねるつもりです.

**enfance** [ɑ̃fɑ̃s アンファンス] 女性名詞

子ども時代

C'est un ami d'enfance.　あの人は幼友達です.

## enfant [ɑ̃fɑ̃ アンファン] 名詞

① （大人に対して）子ども

Ces enfants apprennent le français.
この子たちはフランス語を学んでいる.

② （親に対して）子

Combien d'enfants avez-vous ?
何人お子さんがおありですか？

## enfin [ɑ̃fɛ̃ アンファン] 副詞

とうとう, 最後に, 結局

J'ai enfin trouvé un grand appartement.
やっと広いアパルトマンを見つけた.

## enseignement [ɑ̃sɛɲ(ə)mɑ̃ アンセニュマン] 男性名詞

教育

enseignement public 公教育

## enseigner [ɑ̃seɲe アンセニェ] 他動詞 活用1

教える

Il enseigne le français à l'université.
彼は大学でフランス語を教えている.

## ensemble [ɑ̃sɑ̃bl アンサンブル] 副詞

一緒に

On va dîner ensemble ce soir ?
今晩一緒に夕食を食べに行きませんか？

## ensuite [ɑ̃sɥit アンスュイトゥ] 副詞

次に, その後で

Je vais ensuite à Berlin. その後でベルリンに行きます.

## entendre [ɑ̃tɑ̃dr アンタンドゥる] 他動詞 活用30

聞こえる, 理解する

J'entends du bruit. 物音が聞こえる.

比較 ➡ écouter

**entendu, entendue** [ɑ̃tɑ̃dy アンタンデュ] 形容詞

わかった，承知した

C'est entendu, monsieur.　かしこまりました.

**entier, entière** [ɑ̃tje, ɑ̃tjɛr アンティエ, アンティエる] 形容詞

全部の，全体の

dans le monde entier　世界中で

**entièrement** [ɑ̃tjɛrmɑ̃ アンティエるマン] 副詞

完全に，全く

Je suis entièrement libre ce soir.
私は今晩はずっとあいています.

E

**entre** [ɑ̃tr アントゥる] 前置詞

〈～ A et B〉A と B の間に

Je déjeune entre midi et une heure.
私は正午から1時の間に昼食をとる.

**entrée** [ɑ̃tre アントゥれ] 女性名詞

入場，入口

Entrée libre　入場無料

**entreprise** [ɑ̃trəpriz アントゥるプリズ] 女性名詞

企画，企業

Il a réussi dans son entreprise.　彼はその企画に成功した.

**entrer** [ɑ̃tre アントゥれ] 自動詞 活用1 （助動詞はêtre）

入る

Je peux entrer ?　　— Oui, entrez !
入ってもいいですか？　— はい，お入りください！

**envie** [ɑ̃vi アンヴィ] 女性名詞

〈avoir ～ de ＋ 名詞・不定詞〉…が欲しい，…したい

J'ai envie de voyager en Afrique.
私はアフリカを旅行したい.

♪102

**environ** [ɑ̃virɔ̃ アンヴィロン]

1) 副詞

約，およそ

Il habite là depuis environ dix ans.
彼は 10 年ほど前からそこに住んでいます.

2) 男性名詞

近郊，郊外（複数形で）

Ils habitent aux environs de Paris.
彼らはパリの近郊に住んでいます.

**environnement** [ɑ̃virɔnmɑ̃ アンヴィロヌマン] 男性名詞

環境

**envoyer** [ɑ̃vwaje アンヴワィエ] 他動詞 活用11

送る

Je voudrais envoyer ce paquet au Japon.
この小包を日本に送りたいんですが.

**épais, épaisse** [epɛ, epɛs エペ, エペス] 形容詞

厚い

C'est un livre très épais.　それはとても厚い本です.

**épaule** [epol エポル] 女性名詞

肩

**épicerie** [episri エピスり] 女性名詞

食料品店

Il y a une épicerie juste à côté.
すぐそばに食料品店があります.

**époque** [epɔk エポク] 女性名詞

時代，時期

À cette époque-là, il y avait seulement l'autocar.
当時は長距離バスがあっただけでした.

**équipe** [ekip エキプ] 女性名詞

グループ，（スポーツの）チーム

Je n'aime pas les sports d'équipe.
私はチームスポーツが好きではない.

**erreur** [erœr エるる] 女性名詞

間違い，エラー

C'est une erreur. それは間違いです.

## es → être

**escalier** [ɛskalje エスカリエ] 男性名詞

階段

Elle est tombée dans l'escalier. 彼女は階段でころんだ.
escalier mécanique エスカレーター

**espace** [ɛspas エスパス] 男性名詞

空間，宇宙，スペース

Il y a de l'espace ici. ここにはスペースがある.

**Espagne (l')** [ɛspaɲ エスパニュ] 固有名詞・女性

スペイン

J'aimerais vivre en Espagne.
スペインで暮らしたいなあ.

**espagnol, espagnole** [ɛspaɲɔl エスパニョル] 形容詞

スペインの，スペイン人の，スペイン語の

C'est une chanteuse espagnole.
あの女性はスペイン人の歌手です.

**Espagnol, Espagnole** 名詞 スペイン人

**espagnol** 男性名詞

スペイン語

♪104

**espèce** [ɛspɛs エスペス] **女性名詞**

種類

C'est une espèce de rose. それはバラの1種です.

**espérer** [ɛspere エスペれ] **他動詞** **活用6**

願う, 期待する

J'espère y arriver avant midi.
そこに昼前に着きたいのです.

**esprit** [ɛspri エスプり] **男性名詞**

精神, 才気

Il a beaucoup d'esprit. 彼はとても才気がある.

E

**essayer** [eseje エセィエ] **他動詞** **活用8**

試す, 試着する

Vous voulez essayer ce pantalon ?
このパンタロンを試着なさいますか?

**est** [ɛst エスト] **男性名詞**

東

Ma maison est à l'est de la gare.
私の家は駅の東にある.

## est → être

**est-ce que** [ɛsk(ə) エスク] **(母音の前でest-ce qu')** **副詞**

[疑問文を導く]

① 〈+ 平叙文〉

Est-ce que vous avez des enfants ?
お子さんがおありですか?

② 〈疑問詞 +〜+ 平叙文〉

Où est-ce qu'on dîne ce soir ?
今晩どこで夕食を食べましょうか?

**estomac** [ɛstɔma エストマ] **男性名詞**

胃

J'ai mal à l'estomac depuis hier.
きのうから胃が痛い.

## et [e エ] **接続詞**

…と，そして

Je vais acheter du pain et de la viande.
私はパンと肉を買いに行く.

Comment vas-tu ?  — Pas mal, et toi ?
元気かい？　　　　— 元気だよ，で君はどう？

[ 注意：後続の語とリエゾンしない. ]

**E**

**étage** [etaʒ エタジュ] **男性名詞**

〈**序数詞**＋étage〉…階

La chambre est au premier étage.
お部屋は 2 階でございます.

[ 注意：「1 階」は rez-de-chaussée ]

**état** [eta エタ] **男性名詞**

状態，（大文字で）国家

Le château est en mauvais état.
その城はひどい状態にある.

## États-Unis (les)
[etazyni エタズュニ] **固有名詞・男性複数**

アメリカ合衆国

Ils vont aux États-Unis.
彼らはアメリカ合衆国へ行く.

## été [ete エテ] **男性名詞**

夏

Au Japon, il fait très chaud en été.
日本では，夏はとても暑い.

été → être

êtes → être

**étoile** [etwal エトゥワル] 女性名詞 ♪

① 星

Il y a de belles étoiles dans le ciel.
空に美しい星があります.

② [ホテルやレストランの格付け用の] 星印

C'est un hôtel (à) trois étoiles.
それは3つ星のホテルです.

**étonnant, étonnante** [etɔnɑ̃, etɔnɑ̃t エトナン, エトナントゥ] 形容詞

驚くべき, 意外な

Ce n'est pas étonnant. それは驚くに当りません.

**étonner** [etɔne エトネ] 他動詞 活用1

驚かせる

Ta réponse m'étonne beaucoup.
君の返事にぼくはとても驚くよ.

**étranger, étrangère**
[etrɑ̃ʒe, etrɑ̃ʒer エトゥらンジェ, エトゥらンジェる]

1) 形容詞

外国の, 外国人の

un pays étranger 外国

2) 名詞

外国人

Il y a beaucoup d'étrangers dans cette ville.
この町には外国人が大勢います.

**étranger** [etrɑ̃ʒe エトゥらンジェ] 男性名詞

外国

Il va travailler à l'étranger. 彼は外国へ働きに行く.

## être [ɛtr エトゥる] 活用29

1) 自動詞

　① …である

　Vous êtes japonaise ? — Non, je suis française.
　あなたは日本人ですか? — いいえ, 私はフランス人です.

　② ある, いる, 存在する

　Je suis à la maison ce soir.　私は今晩は家にいます.

2) 助動詞

　① [être + 過去分詞 で複合時制を作る]

　Elle est allée en France.　彼女はフランスに行った.

　　[ 注意:この形式で複合時制を作るのは, aller, venin など
　　　いくつかの自動詞と, すべての代名動詞である. ]

　② [être + 過去分詞 で受動態を作る]

　Elle est aimée de ses élèves.
　彼女は生徒に好かれている.

　　[ 注意:受動態になるのは他動詞に限られる. ]

**E**

## étroit, étroite [etrwa, etrwat エトゥるワ, エトゥるワトゥ] 形容詞

狭い

La rue est très étroite.　その通りはとても狭い.

## étude [etyd エテュドゥ] 女性名詞

勉強, 学業

Elle finit ses études cette année.　彼女は今年卒業します.

## étudiant, étudiante
[etydjɑ̃, etydjɑ̃t エテュディアン, エテュディアントゥ] 名詞

学生

C'est un étudiant japonais.　あの人は日本人の学生です.

♪108

**étudier** [etydje エテュディエ] 他動詞 活用1

勉強する，研究する

Il étudie le français depuis un an.
彼は1年前からフランス語を勉強している.

**eu → avoir**

**euro** [øro ゥロ] 略号 € 男性名詞

ユーロ（ヨーロッパ連合統一通貨）

Ça coûte treize euros. それは13ユーロです.

**Europe (l')** [ørɔp ゥロプ] 固有名詞・女性

ヨーロッパ

Je vais en Europe cet été.
今年の夏にヨーロッパへ行きます.

**européen, européenne**
[ørɔpeɛ̃, ørɔpeɛn ゥロペアン, ゥロペエヌ] 形容詞

ヨーロッパの

le Parlement européen 欧州議会

Union européenne ヨーロッパ連合, EU (UE)

**Européen, Européenne** 名詞

ヨーロッパ人

**eux** [ø ゥ] 強勢形人称代名詞

彼ら

Nous allons chez eux. 私たちは彼らの家に行きます.

**évidemment** [evidamɑ̃ エヴィダマン] 副詞

もちろん

Tu viens avec nous ? — Évidemment !
私たちと一緒に来るかい？ — もちろんだよ！

**évident, évidente** [evidɑ̃, evidɑ̃t エヴィダン, エヴィダントゥ] 形容詞

明らかな

C'est évident. それは明白だ.

**éviter** [evite エヴィテ] 他動詞 活用1

避ける

Je me suis arrêté pour éviter un accident.
私は事故を避けようと止まった.

**exact, exacte** [ɛgza(kt), ɛgzakt エグザ(クトゥ), エグザクトゥ] 形容詞

正確な

Donnez-moi l'heure exacte de votre arrivée.
あなたの到着の正確な時刻を教えてください.

**exactement** [ɛgzaktəmɑ̃ エグザクトゥマン] 副詞

正確に, まさに

C'est exactement la même chose.
これはまさに同じものです.

**examen** [ɛgzamɛ̃ エグザマン] 男性名詞

テスト, 試験

J'ai trois examens cette semaine.
私は今週テストが3つある.

**excellent, excellente**
[ɛksɛlɑ̃, ɛksɛlɑ̃t エクセラン, エクセラントゥ] 形容詞

すぐれた

C'est une excellente idée ! それはすばらしい考えだ!

**excuser** [ɛkskyze エクスキュゼ] 他動詞 活用1

許す

**Excusez-moi.**

すみません.

♪110

**exemple** [εgzãpl エグザンプル] 男性名詞

例

Où est-ce qu'on dîne ce soir ?
— Au restaurant japonais, **par exemple** ?
今晩どこで夕食をとろうか？
— **例えば**日本料理店は？

**exercice** [εgzεrsis エグぜるスィス] 男性名詞

運動，練習

Tu as besoin d'un peu d'exercice.
君は少し運動が必要だよ.

**expérience** [εksperjãs エクスペリアンス] 女性名詞

経験，体験

J'ai de l'expérience.　私には経験があります.

**expliquer** [εksplike エクスプリケ] 他動詞 活用1

説明する

Tu m'expliques la route pour aller à Lyon ?
リヨンへの道を私に説明してくれる？

**exposition** [εkspozisjõ エクスポズィスィオン] 女性名詞

展覧会，博覧会

L'exposition Picasso a commencé hier.
ピカソ展はきのう始まりました.

**extérieur, extérieure** [εksterjœr エクステリウる] 形容詞

外の，外部の

La température extérieure est très élevée.
外気温はとても高い.

**extrêmement** [εkstrεmmã エクストれムマン] 副詞

非常に，極端に

Il est extrêmement pauvre.　彼はひどく貧乏だ.

## 衣類

**vêtement** 男 衣類

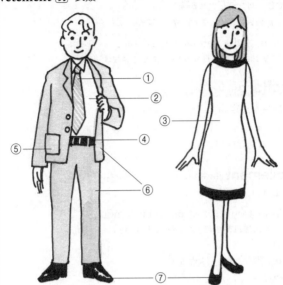

① cravate 女 ネクタイ ② chemise 女 ワイシャツ
③ robe 女 ドレス，ワンピース
④ ceinture 女 ベルト ⑤ poche 女 ポケット
⑥ costume 男 スーツ ⑦ chaussure 女 靴

**chaussette** 女
ソックス

**pantalon** 男
ズボン・
パンタロン

**pyjama** 男
パジャマ

**veste** 女
上着・
ジャケット

**jupe** 女
スカート

**chapeau** 男
帽子

**pull** 男
セーター

**manteau** 男
コート

## F

**face** [fas ファス] 女性名詞

（人の）顔，（ものの）面，正面

Alain habite **en face de** l'école.
アランは学校の真向かいに住んでいます．

**facile** [fasil ファスィル] 形容詞

簡単な，容易な

C'est facile.
それは簡単です．

**facilement** [fasilmɑ̃ ファスィルマン] 副詞

容易に，簡単に

Vous trouverez la place facilement.
その広場は簡単に見つかるでしょう．

**façon** [fasɔ̃ ファソン] 女性名詞

やり方

**De toute façon**, je te téléphone demain matin.
いずれにせよ，明日の朝に君に電話します．

**faculté** [fakylte ファキュルテ] 女性名詞

学部，大学

Tu vas à la faculté cet après-midi ?
今日の午後，君は大学に行くかい？

［ **注意**：口語では fac [fak ファク] と略される．］

**faible** [febl フェブル] 形容詞

弱い

Il est faible en anglais.　彼は英語が苦手だ．

反対語 ➡ fort

## faim [fɛ̃ ファン] 女性名詞

空腹

**avoir ～** 空腹である

J'ai un peu faim.　少しお腹がすいた.

## faire [fɛr フェる] 活用39

1) 他動詞

① 作る

J'aime faire des gâteaux.
私はお菓子を作るのが好きです.

② する

Tu veux faire du tennis avec nous ?
私たちとテニスをしない?

③ 値段が…である

Ça fait combien ?　いくらになりますか?

④ 時間がかかる

Ça fait longtemps que vous habitez ici ?
あなたはここに長くお住まいなのですか?

⑤ 〈＋不定詞〉～させる [使役]

Je vous ai fait attendre longtemps ?
長くお待たせしましたか?

2) 非人称動詞 天候が…である

Il fait beau / mauvais / chaud / froid.
天気が良い / 悪い / 暑い / 寒い.

Quel temps fait-il ?
天気はどうですか?

## falloir [falwar ファルワる] 非人称動詞 活用21

① 〈＋名詞〉…が必要である, …かかる

Il faut vingt minutes à pied.
歩いて 20 分かかります.

② 〈＋不定詞〉 …しなければならない

Il faut partir tout de suite.
すぐに出発しなければいけません.

Il ne faut pas jouer ici. ここで遊んではいけません.

③ 〈que ＋接続法〉 …すべきだ

Il faut que tu ailles la voir.
君は彼女に会いに行くべきだ.

## famille [famij ファミィユ] 女性名詞 ♪

家族

Ma famille habite à Nice depuis longtemps.
私の家族は昔からニースに住んでいます.

## fatigant, fatigante
[fatigɑ̃, fatigɑ̃t ファティガン, ファティガントゥ] 形容詞

疲れる

C'est un travail fatigant. これは疲れる仕事だ.

## fatigue [fatig ファティグ] 女性名詞

疲れ

Je ne peux plus marcher à cause de la fatigue.
疲労のために私はもう歩けません.

## fatigué, fatiguée [fatige ファティゲ] 形容詞

疲れた

Tu es déjà fatiguée ? もう疲れたの？

## faute [fot フォトゥ] 女性名詞

間違い, ミス

Ce n'est pas (de) ma faute.
それは私のせいではありません.

## faux, fausse [fo, fos フォ, フォス] 形容詞

まちがった, 誤った, 偽りの

Ce sont de fausses nouvelles. それは誤報です.

**favori, favorite** [favɔri, favɔrit ファヴォり, ファヴォりトゥ] 形容詞

気に入りの

Quels sont vos musiciens favoris ?
あなたの好きな音楽家は誰ですか？

**fax** [faks ファクス] 男性名詞

ファックス

**félicitations** [felisitasjɔ̃ フェリスィタスィオン] 女性名詞・複数

祝福の言葉，賛辞

Félicitations pour votre mariage.
ご結婚おめでとうございます。

**femme** [fam ファム] 女性名詞

① （男に対して）女

Voilà une jolie femme.
あそこにきれいな女の人がいる。

反対語 ➡ homme

② （夫に対して）妻

Je vais au cinéma avec ma femme ce soir.
私は今晩妻と映画に行く。

反対語 ➡ mari

**fenêtre** [f(ə)nɛtr フネトゥる] 女性名詞

窓

La fenêtre est ouverte.
窓は開いている。

**fer** [fɛr フェる] 男性名詞

鉄

chemin de fer 鉄道

**fermé, fermée** [fɛrme フェるメ] 形容詞

閉まった

Ce parc est fermé le lundi. この公園は月曜日は閉園です。

### fermer [ferme フェるメ] 自動詞・他動詞 活用1

閉まる，閉じる，閉める

Ce magasin ferme à quelle heure ?
この店は何時に閉店ですか？

J'ai froid. Je peux fermer la fenêtre ?
私は寒い．窓を閉めてもいい？

### fête [fɛt フェトゥ] 女性名詞

祭り，休日，パーティー

Aujourd'hui, c'est la fête du village. 今日は村の祭りです．

### feu [fø フ] (複数 feux) 男性名詞

火，信号

feu rouge, feu vert 赤信号，青信号

### feuille [fœj フイユ] 女性名詞

葉，（1枚の）紙

Vous n'avez qu'à remplir cette feuille.
この用紙に書き込むだけで結構です．

### février [fevrije フェヴリイエ] 男性名詞

2月

Aujourd'hui, c'est le 20 février. 今日は2月20日です．

### fier, fière [fjɛr フィエる] 形容詞

(de…)…が自慢である

Il est très fier de sa voiture italienne.
彼はイタリア製の車がとても自慢だ．

### fièvre [fjɛvr フィエヴる] 女性名詞

熱（病），熱狂

Tu as de la fièvre ? 熱があるの？

### figure [figyr フィギュる] 女性名詞

顔，図

Il se lave la figure. 彼は顔を洗う．

## fille [fij フィユ] 女性名詞

① (男子に対して) 女子

C'est qui, cette jeune fille ? あのお嬢さんは誰ですか?

反対語 ➡ garçon

② (息子に対して) 娘

Ils ont une seule fille.
彼らには娘さんが1人だけいます.

反対語 ➡ fils

## film [film フィルム] 男性名詞

(作品としての) 映画

J'ai vu un bon film hier à la télévision.
きのうテレビでいい映画をみました.

比較 ➡ cinéma

**F**

## fils [fis フィス] 男性名詞

(娘に対して) 息子

Notre fils vit en France.
私たちの息子はフランスで暮らしています.

反対語 ➡ fille

## fin [fɛ̃ ファン] 女性名詞

終わり

Ils arrivent à Paris à la fin de ce mois.
彼らは今月の末にパリに着きます.

反対語 ➡ début

## finalement [finalmɑ̃ フィナルマン] 副詞

最後に, ついに, 結局

Finalement, il a réussi à son examen.
やっと彼は試験に合格した.

♪118

**fini, finie** [fini フィニ] 形容詞

終った

C'est déjà fini. それはもう終わりました.

**finir** [finir フィニる] 他動詞・自動詞 活用13

終える, 終わる

Finissons vite ce travail. この仕事を急いですませましょう.

La classe finit à six heures. その授業は6時に終わる.

**fleur** [flœr フルる] 女性名詞

花

Quelle est cette fleur rouge ? その赤い花は何ですか?

**fleuriste** [flœrist フルリストゥ] 名詞

花屋

**fleuve** [flœv フルヴ] 男性名詞

川, 大河

Les quatre grands fleuves de la France, ce sont la Seine, la Loire, le Rhône et la Garonne.
フランスの4大河川とはセーヌ川, ロワール川, ローヌ川およびガロンヌ川である.

**flûte (flute)** [flyt フリュトゥ] 女性名詞

フルート, 笛

Elle joue très bien de la flûte.
彼女はフルートがとても上手です.

**fois** [fwɑ フワ] 女性名詞

① …回, …度

Il vient ici une fois par semaine.
彼はここに週に1回来ます.

Cet été, je vais **pour la première fois** à Paris.
今年の夏, 私は**初めて**パリに行きます.

♪119

② [比較級の前で] …倍

Il mange deux fois plus que nous.
彼は私たちより2倍も多く食べる.

**fonctionnaire** [fɔ̃ksjɔnɛr フォンクスィヨネる] 名詞 ♪

公務員

fonctionnaire d'État　国家公務員

**fond** [fɔ̃ フォン] 男性名詞

奥

Nous nous mettons là, au fond de la salle ?
ホール後方のあそこに座りましょうか？

**font → faire**

**foot, football** [fut, futbol フットゥ, フットゥボル] 男性名詞

サッカー

Les garçons jouent au foot.
男の子たちはサッカーをしています.

**force** [fɔrs フォるス] 女性名詞

力，勢力，暴力

Je n'ai plus la force de marcher.
私はもう歩く元気がありません.

**forêt** [fɔrɛ フォれ] 女性名詞

森，林

J'aime faire des promenades dans la forêt.
私は森を散歩するのが好きです.

**forme** [fɔrm フォるム] 女性名詞

形，形式

Cette place a une forme d'œuf.
この広場は卵の形をしている.

♪120

## formidable [fɔrmidabl フォるミダブル] 形容詞

ものすごい, すばらしい

Il est vraiment formidable, son dernier film !
彼 (彼女) の最新作の映画は本当にすごい！

## fort, forte [fɔr, fɔrt フォる, フォるトゥ] 形容詞

強い, 得意である

Le vent est très fort. 風がとても強い.

反対語 ➡ faible

## fort [fɔr フォる] 副詞

強く, とても

Parlez plus fort, s'il vous plaît.
もっと大きな声で話してください.

## fortune [fɔrtyn フォるテュヌ] 女性名詞

財産, 運命

Il a une grosse fortune. 彼は莫大な財産を持っている.

## fou, folle [fu, fɔl フ, フォル] (fouは母音の前でfol) 形容詞

(de …)…に夢中の

Elle est folle de cinéma japonais.
彼女は日本映画に夢中です.

## fourchette [furʃɛt フゥるシェトゥ] 女性名詞

フォーク

## fragile [fraʒil フらジル] 形容詞

こわれやすい

Ce verre est très fragile. このグラスはとても割れやすい.

## frais, fraîche (fraiche) [frɛ, frɛʃ フれ, フれしュ] 形容詞

涼しい, 冷たい

Il fait frais ce matin. 非人称 今朝は涼しい.

**fraise** [frɛz フれズ] 女性名詞

イチゴ

Elle aime le gâteau aux fraises.
彼女はイチゴのケーキが好きです.

## français, française
[frãsɛ, frãsɛz フランセ, フランセズ] 形容詞

フランスの, フランス人の, フランス語の

Vous aimez la cuisine française ?
あなたはフランス料理が好きですか？

## Français, Française 名詞

フランス人

Elle habite avec une Française.
彼女はフランス人女性と一緒に住んでいます.

## français 男性名詞

フランス語

Vous apprenez le français depuis quand ?
あなたはいつからフランス語を学んでいるのですか？

## France (la) [frãs フランス] 固有名詞・女性

フランス

Elle va partir pour la France.
彼女はまもなくフランスに出発します.

**frapper** [frape フらペ] 自動詞・他動詞 活用1

打つ, ノックする

Quelqu'un frappe à la porte.
誰かがドアをノックしている.

## frère [frɛr フれる] 男性名詞

兄弟, 兄, 弟

Il a quel âge, ton frère ?　君の兄 (弟) さんは何才ですか？

反対語 ➡ sœur

**frigo** [frigo フリゴ] 男性名詞

冷蔵庫 → réfrigérateur

# froid, froide [frwa, frwad フるワ, フるワドゥ] 形容詞

① 寒い，冷たい

Le vent est froid. 風が冷たい.

② 非人称 Il fait froid. 寒い

Il fait froid aujourd'hui. 今日は寒い.

反対語 ➡ chaud

## froid 男性名詞

寒さ，寒気

〈avoir ～〉寒いと思う，寒さを感じる

J'ai froid. 私は寒い.

## fromage [frɔmaʒ フろマジュ] 男性名詞

チーズ

J'aime beaucoup les fromages français.
私はフランスのチーズが大好きです.

## fruit [frɥi フリュイ] 男性名詞

フルーツ，果物

Je prends des fruits.
私はフルーツをとります.

## fumer [fyme フュメ] 他動詞 活用1

（タバコなどを）吸う，（目的語なしで）タバコを吸う

Je ne fume plus. 私はもうタバコは吸いません.

## futur [fytyr フュテュる] 男性名詞

未来，将来

Qu'est-ce que tu feras dans le futur ?
君は将来何をするつもりですか？

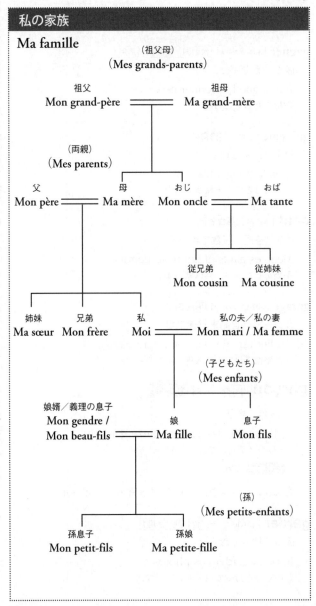

## 私の家族

# Ma famille

（祖父母）
（Mes grands-parents）

祖父　　　　　　　　　　　祖母
Mon grand-père ═══════ Ma grand-mère

（両親）
（Mes parents）

父　　　　　母　　　　　おじ　　　　　おば
Mon père ═══ Ma mère　Mon oncle ═══ Ma tante

従兄弟　　　従姉妹
Mon cousin　Ma cousine

姉妹　　　兄弟　　　私　　　　　私の夫／私の妻
Ma sœur　Mon frère　Moi ═══ Mon mari / Ma femme

（子どもたち）
（Mes enfants）

娘婿／義理の息子
Mon gendre /　　　　　娘　　　　　息子
Mon beau-fils ═══ Ma fille　Mon fils

（孫）
（Mes petits-enfants）

孫息子　　　　　　孫娘
Mon petit-fils　Ma petite-fille

私
の
家
族

## G

**gagner** [gaɲe ガニェ] [他動詞・自動詞] [活用1]

勝つ，かせぐ

Il a gagné le premier prix.
彼は1等賞をとった．

**gai, gaie** [ge(ɛ) ゲ] [形容詞]

陽気な，ゆかいな

Il était très gai hier soir.
昨晩彼はとても上機嫌だった．

**gant** [gɑ̃ ガン] [男性名詞]

手袋（普通，複数で用いる）

Mets tes gants, il fait froid dehors.
手袋をしなさい，外は寒いよ．

**garage** [garaʒ ガらジュ] [男性名詞]

ガレージ，自動車整備工場

J'ai fait réparer ma voiture au garage.
私は整備工場で車を修理してもらった．

**garçon** [garsɔ̃ ガるソン] [男性名詞]

① 少年，男子

Dans ma classe, il y a onze garçons.
私のクラスには男子が11人いる．

反対語 ➡ fille

② （レストランやカフェの）ウェイター，ボーイ

**garder** [garde ガるデ] [他動詞] [活用1]

保つ，持っておく

Je peux garder ces photos ?
この写真を持っていてもいいですか？

## gare [gar ガる] 女性名詞

（鉄道の）駅

Comment vas-tu à la gare ?
君は駅までどうやって行きますか？

比較 ➡ station

## gâteau [gɑto ガト] (複数 gâteaux) 男性名詞

菓子，ケーキ

Tu manges trop de gâteaux.　君はお菓子を食べすぎる.

## gauche [goʃ ゴシュ]

1) 形容詞

左の，左側の

J'ai mal au bras gauche.　左腕が痛いんです.

2) 女性名詞

左，左側

Vous prenez la première rue à gauche.
最初の道を左に曲がりなさい.

**G**

## gaz [gɑz ガズ] 男性名詞

ガス

## général, générale
[ʒeneral ジェネらル] (男性複数 généraux) 形容詞

一般的な，全体的な

D'une façon générale, tu n'as pas de chance.
全体的に，君には運がない.

## général 男性名詞

**en général** 普通，一般に

En général, je travaille de 10 heures à 17 heures.
普通，私は 10 時から 17 時まで働いています.

**généralement** [ʒeneralmɑ̃ ジェネらルマン] 副詞

一般に

Ça coûte généralement cher.　一般にそれは値段が高い.

**genou** [ʒ(ə)nu ジュヌゥ] (複数 genoux) 男性名詞

ひざ

J'ai mal aux genoux, je ne peux plus marcher.
私はひざが痛く, もう歩けない.

**genre** [ʒɑ̃r ジャンる] 男性名詞

種類, ジャンル

Quel genre de musique aimez-vous ?
あなたはどんな種類の音楽が好きですか?

## gens [ʒɑ̃ ジャン] 男性名詞・複数

人びと

Il y a des gens sur la place.　広場に人びとがいます.

## gentil, gentille
[ʒɑ̃ti, ʒɑ̃tij ジャンティ, ジャンティユ] 形容詞

やさしい, 親切な

Merci, c'est très gentil !
ご親切に, ありがとうございます!

**géographie** [ʒeɔgrafi ジェオグらフィ] 女性名詞

地理

**glace** [glas グラス] 女性名詞

氷, アイスクリーム, 鏡

Je prends une glace au chocolat.
私はチョコレートアイスにします.

**gomme** [gɔm ゴム] 女性名詞

ゴム, 消しゴム

Prête-moi ta gomme, s'il te plaît.
消しゴムを貸して.

G

**gorge** [gɔrʒ ゴるジュ] 【女性名詞】

のど（喉）

Votre gorge est très rouge. あなたの喉は真っ赤です。

**goût (gout)** [gu グゥ] 【男性名詞】

味，趣味，センス

Il a du goût pour la musique. 彼は音楽が好きだ。

**gouvernement** [guvɛrnəmɑ̃ グゥヴェるヌマン] 【男性名詞】

政府

**grâce** [grɑs グらス] 【女性名詞】

厚意，恩恵，感謝

**Grâce à** toi, j'ai pu trouver un bon appartement.
君の**おかげで**，私はよいアパルトマンを見つけることができた。

**gramme** [gram グらム] 【男性名詞】

グラム

G

## grand, grande [grɑ̃, grɑ̃d グらン, グらンドゥ] 【形容詞】

大きい，立派な

Mon appartement est très grand.
私のアパルトマンはとても広い。

## grand-mère
[grɑ̃mɛr グらンメる] (複数 grands-mères/grand-mères) 【女性名詞】

祖母，おばあさん

Ma grand-mère habite à Paris.
私の祖母はパリに住んでいる。

**grands-parents** [grɑ̃parɑ̃ グらンパらん] 【男性名詞・複数】

祖父母

Mes grands-parents viennent chez moi.
祖父母が私の家に来ます。

# grand-père
[grɑ̃pɛr グランペる] (複数 grands-pères) 男性名詞

祖父，おじいさん

Voici mon grand-père. これが私の祖父です.

**gratuit, gratuite** [gratɥi, gratɥit グラテュイ, グラテュイトゥ] 形容詞

無料の

service gratuit 無料奉仕

**grave** [grav グらヴ] 形容詞

重大な，深刻な

Ce n'est pas grave. 大したことはありません.

**gravement** [gravmɑ̃ グらヴマン] 副詞

ひどく，深刻に

Il est gravement blessé. 彼は重傷です.

**Grèce (la)** [grɛs グれス] 固有名詞・女性

ギリシア

**grève** [grɛv グれヴ] 女性名詞

ストライキ

Le chemin de fer est en grève. 鉄道はスト中です.

**grippe** [grip グリプ] 女性名詞

インフルエンザ

J'ai la grippe. 私はインフルエンザにかかっています.

**gris, grise** [gri, griz グリ, グリズ] 形容詞

グレーの，灰色の

Il a les yeux gris. 彼の目はグレーだ.

**gronder** [grɔ̃de グロンデ] [他動詞] [活用1]

叱る

Il a grondé son fils paresseux.
彼は怠け者の息子を叱った.

## gros, grosse [gro, gros グロ, グロス] [形容詞]

大きい，太った

Il est grand et gros.　彼は背が高くて太っている.

**groupe** [grup グルプ] [男性名詞]

グループ，団体

Nous avons fait un voyage en groupe.
私たちは団体旅行をしました.

**guère** [gɛr ゲる] [副詞]

〈ne…guère〉ほとんど…ない，しない

Il ne travaille guère.　彼はほとんど働かない.

**guérir** [gerir ゲりる] [自動詞] [活用13]

回復する，治る

Le malade a vite guéri.　その病人はすぐに治った.

**guerre** [gɛr ゲる] [女性名詞]

戦争

**guichet** [giʃɛ ギシェ] [男性名詞]

窓口

Où est le guichet, s'il vous plaît ?　窓口はどこですか？

**G**

♪130

**guide** [gid ギドゥ]

1) 名詞 ガイド

   Suivez le guide. ガイドの後についてきてください.

2) 男性名詞 ガイドブック

**guitare** [gitar ギタる] 女性名詞

ギター

Il joue très bien de la guitare.
彼はギターを弾くのがとてもうまい.

G

## 交通

**circulation** 女 交通

① **aéroport** 男 空港

② **autoroute** 女 高速道路

③ **avion** 男 飛行機

④ **gare** 女 駅

⑤ **train** 男 列車，電車

⑥ **station** 女 **de métro**
地下鉄の駅

⑦ **taxi** 男 タクシー

⑧ **arrêt** 男 **de bus** バス停

⑨ **bus** 男 バス

⑩ **tram(way)** 男 路面電車

⑪ **bateau** 男 船

⑫ **vélo** 男 自転車

交通

# H

## h → heure

### habiller (s') [abije アビィエ] [代名動詞] [活用1] ♪

服を着る

Je n'ai pas fini de m'habiller.
私はまだ着替えが終わっていない.

### habiter [abite アビテ] [自動詞・他動詞] [活用1]

住む

Vous habitez (à) Paris depuis longtemps ?
あなたはパリに昔からお住まいですか?

### habitude [abityd アビテュドゥ] [女性名詞]

習慣

Il a l'habitude de déjeuner avec Pierre.
彼はピエールと昼食をとるのが習慣だ.

**D'habitude**, je me lève à sept heures.
私はいつもは7時に起きます.

**comme d'habitude** いつものように

### haricot [ariko アリコ] (hは有音) [男性名詞]

インゲン豆

haricots verts サヤインゲン

### hasard [azar アザる] (hは有音) [男性名詞]

偶然

**par hasard** 偶然, たまたま

J'ai rencontré Sylvie par hasard.
偶然シルヴィーに出会ったんだ.

**haut, haute** [o, ot オ. オトゥ] (hは有音) 形容詞

(高さ，値段などが) 高い，(声が) 高い

C'est une très haute montagne.
それはとても高い山です.

反対語 ➡ bas

**haut** (hは有音)

1) 男性名詞

高所，上の方

Je voudrais mettre mes bagages en haut.
荷物を上にあげたいのですが.

2) 副詞

大声で

Il ne faut pas parler haut ici.
ここでは大声で話してはいけません.

**hauteur** [otœr オトゥる] (hは有音) 女性名詞

高さ，高度，高所

Quelle est la hauteur de la tour Eiffel ?
エッフェル塔の高さはどれほどですか？

**herbe** [ɛrb エるブ] 女性名詞

草，雑草

**héroïne** [erɔin エろイヌ] 女性名詞

女性主人公，ヒロイン

L'héroïne de ce roman est une Japonaise.
この小説のヒロインは日本人だ.

**héros** [ero エろ] (hは有音) 男性名詞

男性主人公，ヒーロー

Tu es le héros de cette soirée.
君がこのパーティーの主役だ.

♪134

**hésiter** [ezite エズィテ] 自動詞 活用1

ためらう

N'hésitez pas à me téléphoner.
遠慮なく私に電話してください.

## heure [œr ゥる] 女性名詞

① (時刻) …時

Il est quelle heure ?　　— Il est une heure.
何時ですか?　　　　　— 1時です.

② (時間) …時間

Il faut deux heures en train.
列車で2時間かかります.

**heureusement** [ørøzmɑ̃ ゥるズマン] 副詞

幸福に, 幸いにも

Heureusement, personne n'a été blessé dans cet accident.
幸いにも, この事故で誰もけがをしなかった.

## heureux, heureuse [ørø, ørøz ゥる, ゥるズ] 形容詞

幸せな, 満足した

Elle est très heureuse.　彼女はとても幸福だ.

反対語 ➡ malheureux

## hier [jɛr イェる] 副詞

きのう

Elle est à Paris depuis hier.
彼女はきのうからパリにいます.

**histoire** [istwar イストゥワる] 女性名詞

① 話

Elle m'a raconté cette histoire.
彼女は私にその話をしてくれました.

② 歴史

> Je veux étudier l'histoire du cinéma.
> 私は映画史を研究したい.

**historique** [istɔrik イストリク] [形容詞] ♪

歴史の，歴史的な

> J'aime lire des romans historiques.
> 私は歴史小説を読むのが好きです.

**hiver** [ivɛr イヴェる] [男性名詞]

冬

> En hiver, ce village est sous la neige.
> 冬にはその村は雪に埋もれる.

**homme** [ɔm オム] [男性名詞]

① (女に対して) 男

> Tu connais ce jeune homme ?
> 君はあの若者を知っているのですか？

反対語 ➡ femme

② (男女含めて) 人間，人びと

> Les chiens sont les meilleurs amis des hommes.
> 犬は人間の最良の友だ.

**honnête** [ɔnɛt オネトゥ] [形容詞]

正直な，誠実な

> C'est un homme honnête. あの人は正直な人です.

**honneur** [ɔnœr オヌる] [男性名詞]

名誉，誇り

> Antoine est l'honneur de sa famille.
> アントワーヌは一家の誉れだ.

H

♪136

**honte** [ɔ̃t オントゥ] (hは有音) 女性名詞

恥

Vous n'avez pas honte ? あなたは恥ずかしくないのか？

## hôpital [ɔpital オピタル] (複数 hôpitaux) 男性名詞

病院

Je vais voir ma mère à l'hôpital.
私は病院に母を見舞いに行きます.

**hors** [ɔr オる] (hは有音) 前置詞

(de…) …の外に

Il a acheté une maison hors de la ville.
彼は町の外に家を買った.

## hôtel [ɔtel オテル] 男性名詞

ホテル

Tu connais un hôtel pas trop cher ?
あまり高くないホテルを知ってる？

**huile** [ɥil ユィル] 女性名詞

油, オイル

Mettez un peu d'huile dans la salade.
サラダにオイルを少量入れて下さい.

## huit [ɥit ユイトゥ] (hは有音) 数詞

8

huit jours 1週間

> 注意：子音で始まる語の前では [ɥi ユィ] と発音される.
> huit mois [ɥimwa ユィムワ] 8ヶ月

H

## huitième [ɥitjɛm ユイティエム] 序数詞

8番目の，8回目の

## humain, humaine [ymɛ̃, ymɛn ユマン, ユメヌ] 形容詞

人間の，人間的な

être humain　人類

## humide [ymid ユミドゥ]

① 湿気のある，じめじめしている

la saison humide　湿気の多い季節

② 非人称 Il fait très humide aujourd'hui.

今日はとても湿度が高い.

**H**

♪138

## 時刻

**heure** 女 時刻

1h (une heure)

2h11 (deux heures onze)

3h15 (trois heures quinze/
trois heures et quart)

4h30 (quatre heures trente/
quatre heures et demie)

6h55 (six heures cinquante-cinq/
sept heures moins cinq)

12h (douze heures/midi)
24h=0h (minuit)

時
刻

# I

### ici [isi イスィ] 副詞

ここで，ここに

Nous habitons ici depuis un mois.
私たちは1ヶ月前からここに住んでいます.

### idée [ide イデ] 女性名詞

考え，アイデア

C'est une bonne idée ! それはよい考えですね.

### il, ils [il イル] 主題人称代名詞

① （人を表わす男性名詞に代る）彼は，彼らは

Il a quel âge, votre fils ? 息子さんはおいくつですか?

Ils sont au Canada. 彼らはカナダにいます.

② （ものを表わす男性名詞に代る）それは，それらは

Ce sac est à toi ?
— Non, il est à ma femme.
このかばんは君のですか?
— いいえ，妻のです.

### il [il イル] 非人称主語

Il fait beau / mauvais. 天気がよい / 悪い.
Il pleut. 雨が降る.

D'ici à la gare, il y a sept kilomètres.
ここから駅まで7キロあります.

Quelle heure est-il ? — Il est déjà trois heures.
何時ですか? — もう3時です.

### île (ile) [il イル] 女性名詞

島

Il y a quatre grandes îles au Japon.
日本には4つの大きな島がある.

♪140

# il y a [ilja イリヤ]

1) 非人称

…がある，いる

Il y a des chiens dans le jardin.　庭には犬がいます．

2) 前置詞句

(今から)…前に

Il y a quelques années, nous avons visité le château.
何年か前に私たちはその城を訪れた．

反対語 ➡ dans

# image [imaʒ イマジュ] 女性名詞

姿，画像，絵，イメージ

Les enfants préfèrent les livres avec beaucoup d'images.
子どもたちはイラストがたくさん入った本を好む．

# imaginer [imaʒine イマジネ] 他動詞 活用1

想像する，心に思い描く

Imaginez le monde sans électricité.
電気のない世界を想像してみてください．

# immeuble [imœbl イムブル] 男性名詞

ビル

C'est un grand immeuble de neuf étages.
それは10階建ての大きいビルです．

# importance [ɛ̃pɔrtɑ̃s アンポるタンス] 女性名詞

重要性

Je ne comprenais pas l'importance du problème.
私は問題の重要性を理解していなかった．

# important, importante
[ɛ̃pɔrtɑ̃, ɛ̃pɔrtɑ̃t アンポるタン, アンポるタントゥ] 形容詞

大切な，重大な

C'est très important pour moi.
それは私にはとても重要なことです．

**impossible** [ɛ̃pɔsibl アンポスィブル] 形容詞

不可能な，ありえない

Il est impossible de finir ce travail avant midi.
昼までにこの仕事を終えることは無理です．

C'est impossible !
そんなことはありえない！

反対語 ➡ possible

**impression** [ɛ̃presjɔ̃ アンプれスィオン] 女性名詞

印象，感想

Quelle est votre impression sur ce film ?
この映画をどう思いますか？

**incendie** [ɛ̃sɑ̃di アンサンディ] 男性名詞

火事，火災

Il y a eu un incendie près de chez moi.
私の家の近くで火事があった．

**incroyable** [ɛ̃krwajabl アンクるワィアブル] 形容詞

信じられない

C'est incroyable ! そんなことは信じられない！

**individuel, individuelle** [ɛ̃dividɥɛl アンディヴィデュエル] 形容詞

個人的な，個別の

Nous avons chacun une chambre individuelle.
私たちはそれぞれ個室を持っている．

**industrie** [ɛ̃dystri アンデュストリ] 女性名詞

産業，工業

**infirmier, infirmière**
[ɛ̃firmje, ɛ̃firmjɛr アンフィるミエ, アンフィるミエる] 名詞

看護師

**information** [ɛ̃fɔrmasjɔ̃ アンフォるマスィオン] 女性名詞

情報；(多く複数で) (テレビ・ラジオの) ニュース

Vous avez des informations sur l'accident d'hier ?
昨日の事故について，なにか情報がありますか？

**inquiet, inquiète** [ɛ̃kjɛ, ɛ̃kjɛt アンキエ, アンキエトゥ] 形容詞 ♪

心配な，不安な

Elle est inquiète pour ses enfants.
彼女は子どもたちのことを心配している．

**inscrire (s')** [ɛ̃skrir アンスクリる] 代名動詞 活用38

登録する

Tu t'inscris à un cours d'été ? 夏期講習に申しこむの？

**installer (s')** [ɛ̃stale アンスタレ] 代名動詞 活用1

座る，住む

Il a quitté Paris pour s'installer à la campagne.
彼はパリを出て田舎に住みついた．

**instant** [ɛ̃stɑ̃ アンスタン] 男性名詞

一瞬，束の間

Un instant, s'il vous plaît. ちょっとお待ちください．

**instituteur, institutrice**
[ɛ̃stitytœr, ɛ̃stitytris アンスティテュトゥる, アンスティテュトゥりス] 名詞

（小学校，幼稚園の）教員

**intelligent, intelligente**
[ɛ̃teliʒɑ̃, ɛ̃teliʒɑ̃t アンテリジャン, アンテリジャントゥ] 形容詞

頭のいい，知的な

Leur fille est très intelligente. 彼らの娘はとても利口だ．

**intention** [ɛ̃tɑ̃sjɔ̃ アンタンスィオン] 女性名詞

意図

J'ai l'intention d'aller à Paris cet hiver.
私はこの冬にパリに行くつもりです．

**interdit, interdite** [ɛ̃tɛrdi, ɛ̃tɛrdit アンテるディ, アンテるディトゥ] 形容詞

禁じられた

Il est interdit de fumer ici. ここは禁煙です．

## intéressant, intéressante
[ɛ̃teresɑ̃, ɛ̃teresɑ̃t アンテれサン, アンテれサントゥ] [形容詞]

面白い，興味深い

Il y a un film intéressant à la télévision.
テレビで面白い映画をやっている．

### intéresser [ɛ̃terese アンテれセ] [他動詞] [活用1]

興味を呼ぶ，関心を引く

Est-ce que ce livre t'intéresse ?
君はこの本に興味がありますか？

#### s'intéresser [代名動詞]

(à…) …に関心がある

Je m'intéresse beaucoup à la peinture.
私は絵画にとても興味があります．

### intérêt [ɛ̃terɛ アンテれ] [男性名詞]

関心，利益

Son dernier livre est sans intérêt.
彼（彼女）の今度の本はつまらない．

### intérieur, intérieure [ɛ̃terjœr アンテりゥる] [形容詞]

内側の，室内の，国内の

la politique intérieure　国内政治

### intérieur [男性名詞]

内部，室内，国内

On se met à l'intérieur ?　室内に入りますか？

反対語 ➡ extérieur

### international, internationale
[ɛ̃tɛrnasjɔnal アンテるナスィオナル] (男性複数 internationaux) [形容詞]

国際的な

Il travaille dans une organisation internationale.
彼は国際機関で働いている．

♪144

**Internet** [ɛ̃ternet アンテるネトゥ] 男性名詞

インターネット

Je travaille sur Internet.
私はインターネット上で仕事をしている.

**inutile** [inytil イニュティル] 形容詞

役に立たない, むだな

Il y a beaucoup de choses inutiles dans la chambre.
部屋には不用品がたくさんある.

**invitation** [ɛ̃vitasjɔ̃ アンヴィタスィオン] 女性名詞

招待

Merci de votre invitation. ご招待ありがとうございます.

**invité, invitée** [ɛ̃vite アンヴィテ] 形容詞・名詞

招待された, 招待客

Nous avons beaucoup d'invités ce soir.
今晩はお客さんがたくさん来る.

**inviter** [ɛ̃vite アンヴィテ] 他動詞 活用1

招待する

Nicole nous invite à dîner ce soir.
ニコルが今晩私たちを夕食に招待している.

**ira, irai, iras, irez, irons, iront** → **aller**

**Italie (l')** [itali イタリ] 固有名詞・女性

イタリア

**italien, italienne** [italjɛ̃, italjɛn イタリアン, イタリエヌ] 形容詞

イタリアの, イタリア人の, イタリア語の

Nous aimons beaucoup la cuisine italienne.
私たちはイタリア料理が大好きです.

**Italien, Italienne** 名詞

イタリア人

**italien** 男性名詞

イタリア語

## 天候

**temps** 男 天候

**Il fait beau.**
天気がよい.

**Il pleut.**
雨が降っている.

**Il neige.**
雪が降っている.

**Il fait du vent.**
風がある.

**Il fait chaud.**
暑い.

**Il fait froid.**
寒い.

天候

## J

**j' → je**

## jamais [ʒamɛ ジャメ] 副詞 ♪

〈ne…jamais〉決して…ない

Elle ne mange jamais de viande.
彼女は肉を決して食べない.

## jambe [ʒɑ̃b ジャンブ] 女性名詞

脚

J'ai mal aux jambes. 私は脚が痛い.

## jambon [ʒɑ̃bɔ̃ ジャンボン] 男性名詞

ハム

Vous voulez un peu de jambon ?
ハムを少しいかがですか?

## janvier [ʒɑ̃vje ジャンヴィエ] 男性名詞

1月

Nous sommes le premier janvier. 今日は1月1日だ.

## Japon (le) [ʒapɔ̃ ジャポン] 固有名詞・男性

日本

Nous faisons un voyage au Japon.
私たちは日本に旅行に行きます.

## japonais, japonaise
[ʒapɔnɛ, ʒapɔnez ジャポネ, ジャポネズ] 形容詞

日本の，日本人の，日本語の

Il a une voiture japonaise. 彼は日本車を持っている.

## Japonais, Japonaise 名詞

日本人

## japonais 男性名詞

日本語

Vous parlez japonais ?
あなたは日本語を話せますか？

## jardin [ʒardɛ̃ ジャるダン] 男性名詞

庭，公園

Vous avez un beau jardin !
美しいお庭をお持ちですね！

## jaune [ʒon ジョヌ] 形容詞

黄色の

Quel est ce fruit jaune ?　この黄色い果物は何ですか？

## je [ʒ(ə) ジュ] (母音の前でj') 主語人称代名詞

私は，私が

Cet été, je reste en France.
今年の夏，私はフランスに残ります．

## jeter [ʒ(ə)te ジュテ] 他動詞 活用5

投げる，捨てる

On va jeter ces vieux journaux.　この古新聞を捨てよう．

## jeu [ʒø ジゥ] (複数 jeux) 男性名詞

遊び，ゲーム，競技，演奏
les jeux Olympiques　オリンピック競技大会

## jeudi [ʒødi ジゥディ] 男性名詞

木曜日

## jeune [ʒœn ジゥヌ] 形容詞

若い

C'est qui, ce jeune homme ?　あの若者は誰ですか？
jeune fille　若い女性

反対語 ➡ vieux

J

♪148

## jeunesse [ʒœnɛs ジュネス] 女性名詞

若さ，青春時代

J'ai eu une jeunesse heureuse.
私は幸せな青春時代を過ごした.

## jogging [dʒɔgiŋ ジョギング] 男性名詞

ジョギング

faire du jogging　ジョギングをする.

## joie [ʒwa ジュワ] 女性名詞

喜び

Quelle joie de vous revoir !
また会えてとてもうれしいですね !

## joli, jolie [ʒɔli ジョリ] 形容詞

きれいな，かわいい

Elle porte un joli chapeau.
彼女はきれいな帽子をかぶっている.

## jouer [ʒwe ジュエ] 自動詞 活用1

① 遊ぶ

Maman, je peux jouer avec Paul ?
ママ，ポールと遊んでいい？

② 〈de ＋定冠詞＋楽器〉…を弾く

Elle joue bien du piano.
彼女はピアノを上手に弾きます.

③ 〈à ＋定冠詞＋スポーツなど〉…をする，…で遊ぶ

Je joue au tennis avec mon père.
私は父とテニスをする.

## jouet [ʒwɛ ジュエ] 男性名詞

おもちゃ

À Noël, les enfants ont reçu beaucoup de jouets.
クリスマスに子どもたちはたくさんのおもちゃをもらった.

### jour [ʒur ジュる] 男性名詞

日, 日数, 曜日

Elle travaille ici depuis quinze jours.
彼女はここで 15 日（2 週間）前から働いている.

Quel jour sommes-nous ? — Nous sommes lundi.
何曜日ですか. — 月曜日です.

### journal [ʒurnal ジュるナル] (複数 journaux) 男性名詞

新聞

Je lis le journal au café. 私はカフェで新聞を読む.

### journaliste [ʒurnalist ジュるナリストゥ] 名詞

記者, ジャーナリスト

C'est un journaliste célèbre.
あの人は有名なジャーナリストです.

### journée [ʒurne ジュるネ] 女性名詞

1 日, 昼間

Je suis libre pendant la journée. 私は日中は暇です.
**Bonne journée !** よい 1 日を !

### joyeux, joyeuse [ʒwajø, ʒwajøz ジュワィゥ, ジュワィゥズ] 形容詞

陽気な, 喜ばしい, …おめでとう
**Joyeux Noël !** メリークリスマス !

### juillet [ʒɥijɛ ジュイィエ] 男性名詞

7 月

Aujourd'hui, c'est le Quatorze Juillet.
今日は 7 月 14 日のフランス革命記念日です.

### juin [ʒɥɛ̃ ジュアン] 男性名詞

6 月

Dans mon pays, il pleut beaucoup en juin.
私の国では 6 月は雨が多い.

J

♪150

## jupe [ʒyp ジュプ] 女性名詞

スカート

J'aime mieux la jupe que le pantalon.
私はズボンよりスカートの方が好きです.

## jus [ʒy ジュ] 男性名詞

ジュース

Un jus de tomate, s'il vous plaît.
トマトジュースを1杯お願いします.

## jusque [ʒysk(ə) ジュスク] (母音の前で jusqu') 前置詞

① (場所について) …まで

Il faut combien de temps jusqu'à Paris ?
パリまでどのくらい時間がかかりますか?

② (時刻・期日について) …まで

Le musée est ouvert jusqu'à neuf heures.
美術館は9時まで開いています.

## juste [ʒyst ジュストゥ] 副詞

正確に, ちょうど

Il est deux heures juste.  ちょうど2時です.

## justement [ʒystəmɑ̃ ジュストゥマン] 副詞

まさに

Nous parlions justement de toi.
私たちはちょうど君のことを話していたんです.

J

## 果物・野菜

**fruit** 男 果物

**pomme** 女
リンゴ

**banane** 女
バナナ

**raisin** 男
ブドウ

**poire** 女
（西洋）ナシ

**pêche** 女
モモ

**fraise** 女
イチゴ

**cerise** 女
サクランボ

**orange** 女
オレンジ

**légume** 男 野菜

**aubergine** 女
ナス

**chou** 男
キャベツ

**carotte** 女
ニンジン

**oignon**
**(ognon)** 男
タマネギ

**pomme de terre** 女
ジャガイモ

**tomate** 女
トマト

果物・野菜

## k

### kilo [kilo キロ] (kilogrammeの略) 男性名詞

キログラム

Ces pommes, ça coûte combien ?
— Trois euros le kilo.
このリンゴはいくらですか？
— 1 キロ 3 ユーロです.

## kilogramme → kilo

### kilomètre [kilɔmɛtr キロメトゥる] 略号 km 男性名詞

キロメートル

Ma maison est à deux kilomètres de la gare.
私の家は駅から 2 キロのところにある.

♪153

## 公共施設

**installation publique** 女 公共施設

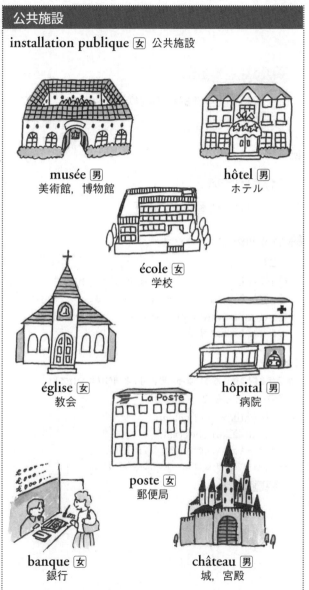

**musée** 男
美術館，博物館

**hôtel** 男
ホテル

**école** 女
学校

**église** 女
教会

**hôpital** 男
病院

**poste** 女
郵便局

**banque** 女
銀行

**château** 男
城，宮殿

公共施設

*cent cinquante-trois* 153

♪154

## L

**l'**

→ ① le, la 定冠詞

→ ② le, la 人称代名詞・直接目的語

→ ③ le, 中性代名詞

**la**

→ ① le 定冠詞

→ ② le 人称代名詞・直接目的語

**là** [la ラ] 副詞 ♪

そこに

Qui est là ?　　　　　　— C'est moi, Sophie.
そこにいるのは誰？　　— 私，ソフィーよ．

Est-ce que votre mère est là ?
お母様はご在宅ですか？

**-là** [la ラ]

(指示代名詞の後，あるいは指示形容詞＋名詞の後につけて)

その…，そちらの…

Vous voulez quel gâteau ?
— Celui-là, au chocolat.
どのケーキがいいですか？
— そちらの，チョコレートのはいったもの.

反対語 ➡ -ci

L

*154  cent cinquante-quatre*

## là-bas [laba ラバ] 副詞

あそこに，向こうに（で）

Vous connaissez Lyon ?
— Oui, j'ai des amis là-bas.
リヨンをご存知ですか？
— はい，そこには友達がいます．

## lac [lak ラク] 男性名詞

湖

J'aimais me promener au bord du lac.
私は湖畔を散歩するのが好きでした．

## laisser [lese レセ] 他動詞 活用1

…させておく［放置・放任］

Laisse-moi tranquille !
私にかまわないで！

## lait [lɛ レ] 男性名詞

ミルク，牛乳

Un café au lait, s'il vous plaît.　カフェオレを1杯ください．

## lancer [lɑ̃se ランセ] 他動詞 活用2

投げる

Ne lance pas de pierres sur les oiseaux !
鳥に石を投げてはいけないよ！

## langue [lɑ̃g ラング] 女性名詞

言語

J'ai appris le français dans une école de langues
étrangères.　私はフランス語を外国語学校で学んだ．

L

**laquelle → lequel**

## large [larʒ ラるジュ] 形容詞 ♪

大きい，幅が広い

C'est un large fleuve. それは大河だ.

## larme [larm らるム] 女性名詞

涙

Elle était en larmes. 彼女は泣いていました.

## laver [lave ラヴェ] 他動詞 活用1

洗う

Tu pourras laver ma chemise ?
私のシャツを洗ってくれない？

### se laver 代名動詞

自分の…を洗う

Va te laver les mains ! 手を洗っていらっしゃい！

## le, la, les [lə, la, le ル，ラ，レ] (le, laは母音の前でl') 定冠詞

① [特定化された名詞を示す] その…

Combien coûte la chambre ?
その部屋はいくらですか？

② [唯一の人，ものを示す]

Voilà la tour Eiffel. あれがエッフェル塔です.

③ [総称] …というもの

J'aime le tennis. 私はテニスが好きです.

④ [le + 数詞 で日付を示す．この le は母音の前で l' とならない：le 11 = le onze]

J'arrive à Paris le 23 décembre.
私は 12 月 23 日にパリに着く.

⑤ [配分，単位を示す] …当り

Ces œufs, ça coûte quatre euros la douzaine.
この卵は 1 ダース 4 ユーロです.

L

> 注意：le, les は，前置詞 à および de の後では縮約して au,
> aux および du, des となる.

## le, la, les [lə, la, le ル, ラ, レ] (le, laは母音の前で l') ♪

人称代名詞・直接目的語

① (人を受けて) 彼を，彼女を，彼らを，彼女らを

Tu connais Pierre ?

— Oui, je l'ai rencontré chez un ami.

君はピエールを知っているの？

— ええ，友だちのところで会ったんだ.

② (ものを受けて) それを，それらを

Tu as un joli sac.

— Je l'ai acheté à Rome.

かわいいバッグを持っているね.

— ローマで買ったの.

## le [lə ル] (母音の前で l') 中性代名詞

[前文の内容，不定詞，形容詞などに代る]

Il va étudier en France. — Je le sais.

彼はフランスに留学するんだ. — 知っているよ.

## leçon [l(ə)sɔ̃ ルソン] 女性名詞

授業，レッスン，(教科書の) 課

Je voudrais donner des leçons de tennis aux enfants.
私は子どもたちにテニスのレッスンをしたいのです.

## lecture [lɛktyr レクテュる] 女性名詞

読書

Elle aime beaucoup la lecture. 彼女は読書が大好きです.

## léger, légère [leʒe, leʒɛr レジェ, レジェる] 形容詞

軽い，あっさりした，軽度の

Ce sac est très léger. このバッグはとても軽い.

反対語 ➡ lourd

**L**

♪158

**légèrement** [leʒɛrmɑ̃ レジェるマン] **副詞**

軽く，わずかに

Il a été légèrement blessé. 彼は軽い怪我をした.

## légume [legym レギュム] **男性名詞**

野菜

Mangez des légumes pour votre santé.
健康のために野菜を食べなさい.

［**注意**：複数で用いることが多い.］

**lendemain** [lɑ̃dmɛ̃ ランドゥマン] **男性名詞**

翌日

Il est arrivé le lendemain. 彼は翌日に到着した.

**比較 ➡** demain

**lent, lente** [lɑ̃, lɑ̃t ラン, ラントゥ] **形容詞**

遅い，ゆっくりした

C'est un train lent. この列車はのろい.

**反対語 ➡** rapide

**lentement** [lɑ̃tmɑ̃ ラントゥマン] **副詞**

ゆっくりと

Pourriez-vous répéter plus lentement ?
もっとゆっくりもう1度言っていただけませんか？

**反対語 ➡** vite

**lequel, laquelle, lesquels, lesquelles**
[lə(ə)kɛl, lakɛl, lekɛl, lekɛl ルケル, ラケル, レケル, レケル] **疑問代名詞**

（限定された人やものの中で）
誰が，誰を，誰；何が，何を，何

Passe-moi le livre, s'il te plaît. — Lequel ?
その本をとってくれないか. — どれを？

　　　**注意**：lequel, lesquels, lesquelles は前置詞 à および de
　　　の後では縮約して auquel, auxquels, auxquelles およ
　　　び duquel, desquels, desquelles となる.

**les → le** 定冠詞 **, le** 人称代名詞・直接目的語

**lettre** [lεtr レトゥる] 女性名詞 ♪

手紙，文字

J'écris une lettre à mon père.
私は父に手紙を書きます.

**leur, leurs** [lœr るる] 所有形容詞

彼らの，彼女らの

Leurs parents sont en France.
彼らの両親はフランスにいます.

**leur** [lœr るる] 人称代名詞・間接目的語

彼らに，彼女らに

Tu vas souvent voir tes parents ?
— Non, mais je leur téléphone.
君はよくご両親に会いに行きますか？
— いいえ，でも彼らに電話しています.

**leur (le/la)** 所有代名詞

彼（彼女）らのもの

Mon fils et le leur sont camarades de classe.
私の息子と彼らの息子はクラスメートです.

**lever** [l(ə)ve るヴェ] 他動詞 活用4

上げる，起こす

Elle a levé la tête.
彼女は顔をあげた.

**se lever** 代名動詞

起きる

Vous vous levez à quelle heure le matin ?
あなたは毎朝何時に起きますか？

L

♪160

**lèvre** [lɛvr レヴる] **女性名詞**

唇（複数で用いる）

Il a toujours le sourire aux lèvres.
彼はいつも口もとに笑みを絶やさない.

**librairie** [libreri リブれり] **女性名詞**

書店

J'ai rendez-vous avec mon ami devant la librairie.
私は本屋の前で友だちと待ち合わせをしている.

**libre** [libr リブる] **形容詞**

① （人が）自由な，ひまな

Je ne suis pas libre demain soir.
私は明日の晩はあいていません.

② （部屋や席などが）空いている

Nous n'avons plus de chambre libre.
空いている部屋はございません.

③ 無料である

L'entrée au musée est libre aujourd'hui.
美術館への入場は本日無料です.

**lieu** [ljø リゥ] （複数 lieux） **男性名詞**

① 場所，現場

le lieu de naissance　出生地

② 〈avoir ~〉行われる

Le match aura lieu jeudi prochain.
その試合は今度の木曜に開催されます.

③ 〈au ~ de〉…の代りに

Tu devrais travailler au lieu de t'amuser.
君は遊んでいないで勉強したほうがいいよ.

**L**

**ligne** [liɲ リニュ] 女性名詞

線, 路線

Prenez la ligne 2 du métro.
地下鉄の 2 号線に乗りなさい.

**limite** [limit リミトゥ] 女性名詞・形容詞

境界, 限界；境界の, 限界の

La date limite est le 30 septembre.
締切り日は 9 月 30 日です.

**lion** [ljɔ̃ リョン] 男性名詞

ライオン

**lire** [lir リる] 他動詞・自動詞 活用40

読む, 読書する

Tu lis ce journal ? この新聞読んでる？
J'aime lire. 私は読書が好きです.

**lit** [li リ] 男性名詞

ベッド

Je suis fatigué, je vais au lit. 私は疲れた, もう寝ます.
chambre à deux lits ツインベッドの部屋

**litre** [litr リトゥる] 男性名詞

リットル

un litre d'eau 1 リットルの水

**livre** [livr リヴる] 男性名詞

本

Ce livre est très intéressant. この本はとてもおもしろい.

**loi** [lwa ルワ] 女性名詞

法律

# loin [lwɛ̃ ルワン]

**1) 副詞**

遠くに，遠くで

Ton école est loin ? 君の学校は遠いの？

(de…) …から遠くに

C'est loin d'ici ? ここから遠いのですか？

**反対語 ➡ près**

**2) 男性名詞**

遠方

**Au loin**, on voyait une haute montagne.
遠くに，高い山が見えた.

## l'on → on

# long, longue [lɔ̃, lɔ̃g ロン, ロング] 形容詞

① (長さ・距離が) 長い

Elle a les cheveux longs. 彼女は髪が長い.

② (時間が) 長い

Les jours sont longs en été. 夏は日が長い.

**反対語 ➡ court**

# longtemps [lɔ̃tɑ̃ ロンタン] 副詞

長い間

Vous habitez à Paris depuis longtemps ?
あなたはずっと前からパリにお住まいですか？

# longueur [lɔ̃gœr ロングる] 女性名詞

長さ

Quelle est la longueur de cette rue ?
この通りの長さはどれくらいですか？

**L**

♪163

**lorsque** [lɔrsk(ə) ロるスク] (母音の前でlorsqu') [接続詞]

…する時に

Je regardais la télévision lorsque vous m'avez téléphoné.
あなたが電話をくれたとき，私はテレビを見ていました．

[ 注意：quand よりも改まった語. ]

**louer** [lwe ルエ] [他動詞] [活用1]

賃貸する，賃借する

C'est une maison à louer. これは貸家です．

[ 注意：「貸す」にも「借りる」にも使う. ]

比較 ➡ prêter

## lourd, lourde [lur, lurd ルゥる, ルゥるドゥ] [形容詞]

重い

Ce vélo n'est pas lourd. この自転車は重くない．

反対語 ➡ léger

## lui [lɥi リュイ]

1) [強勢形人称代名詞] 彼

Je vais chez lui ce soir.
私は今晩彼の家に行きます．

2) [人称代名詞・間接目的語] 彼に，彼女に

Je lui téléphonerai demain.
私は明日彼（彼女）に電話します．

**lumière** [lymjɛr リュミエる] [女性名詞]

光，照明

Allume la lumière. 明かりをつけてよ．

L

### lundi [lœdi ランディ] 男性名詞

月曜日

Tu pars quand ? — Lundi prochain.
君はいつ出かけるの？ — 今度の月曜だよ.

### lune [lyn リュヌ] 女性名詞

（天文）月

La lune est très belle cette nuit.
今晩は月がとってもきれいだ.

[ 注意：天文学用語としては la Lune と大文字で書く. ]

### lunette [lynɛt リュネトゥ] 女性名詞

眼鏡（普通，複数で用いる）

Elle porte des lunettes. 彼女は眼鏡をかけています.

### lutter [lyte リュテ] 自動詞 活用1

（contre…）…と戦う

J'ai lutté contre le sommeil. 私は眠気と戦った.

### lycée [lise リセ] 男性名詞

リセ，高校

Dans beaucoup de lycées français, on a classe le samedi matin.
フランスの多くのリセでは，土曜の午前中に授業がある.

### lycéen, lycéenne [liseɛ̃, liseɛn リセアン, リセエヌ] 名詞

リセの生徒，高校生

Quand j'étais lycéen, je faisais du foot.
高校生の頃，僕はサッカーをしていました.

**L**

## 天体・方位

**astre** 男 天体

**la Lune** 女
月

**la Terre** 女
地球

**le Soleil** 男
太陽

**direction** 女 方位

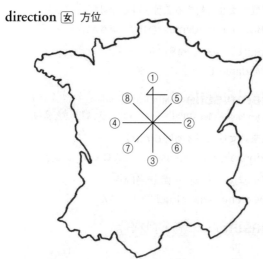

① **nord** 男 北　　② **est** 男 東　③ **sud** 男 南
④ **ouest** 男 西　⑤ **nord-est** 男 北東
⑥ **sud-est** 男 南東　⑦ **sud-ouest** 男 南西
⑧ **nord-ouest** 男 北西

## M

**M.** → **monsieur**

**m'** → **me**

**ma** → **mon**

**machine** [maʃin マシヌ] 女性名詞 ♪

機械

machine à laver 洗濯機

## madame [madam マダム]
(複数 mesdames [medam メダム]) 女性名詞

① (既婚女性に対する敬称・呼びかけ)

Bonjour, madame. 今日は, 奥さん.

② 〈＋姓〉…夫人 略号 M^me

Madame Dupont デュポン夫人

## mademoiselle [madmwazɛl マドゥムワゼル]
(複数 mesdemoiselles [medmwazɛl メドゥムワゼル]) 女性名詞

① (未婚女性に対する呼びかけ)

Bonsoir, mademoiselle. こんばんは, お嬢さん.

② 〈＋姓〉…さん, …嬢 略号 M^lle

Mademoiselle Morel モレルさん

## magasin [magazɛ̃ マガザン] 男性名詞

店

Le magasin ferme à dix heures du soir.
その店は夜10時に閉まる.

Nous allons au **grand magasin.**
私たちはデパートに行きます.

**M**

**magnifique** [maɲifik マニフィク] 形容詞

すばらしい

De là, vous aurez une vue magnifique.
そこからすばらしい景色が見えますよ.

**mai** [mɛ メ] 男性名詞

5月

**maigre** [mɛgr メグる] 形容詞

やせた

Tu es trop maigre. 君はやせすぎだよ.

**mail → e-mail**

**main** [mɛ̃ マン] 女性名詞

手

Pierre, lave-toi les mains ! ピエール, 手を洗いなさい!

**maintenant** [mɛ̃t(ə)nɑ̃ マントゥナン] 副詞

今

Où est-il maintenant ?
彼は今どこにいるのですか?

**mairie** [mɛ(e)ri メり] 女性名詞

市役所, 区役所, 町 [村] 役場

**mais** [mɛ メ]

1) 接続詞

① でも, しかし

J'ai un frère, mais je n'ai pas de sœur.
私は兄 (弟) がいるが姉 (妹) はいない.

② (否定表現の後で) そうではなくて…だ

Je ne vais pas à Nice, mais à Marseille.
私はニースに行くのではなくて, マルセイユに行くのです.

**M**

2) [副詞]

（Oui, Non, Si などを強調する）

Tu aimes les voyages ?　— Mais oui !
旅行は好きかい？　　　　— もちろんだよ！

## maison [mɛzɔ̃ メゾン] [女性名詞] ♪

家

Je travaille à la maison.
私は家で勉強する．

## mal [mal マル]

1) [男性名詞]（複数 maux）

① 苦労

J'ai du mal à dormir ces jours-ci.
最近，よく眠れないんです．

② 〈avoir 〜 à…〉…が痛い

J'ai mal à la tête.　私は頭が痛い．

2) [副詞] 悪く，下手に

Elle chante mal.　彼女は歌が下手だ．

**pas mal** なかなかいい

Tu vas bien ? — Pas mal, merci.
元気かい？　　　— まあまあだよ，ありがとう．

反対語 ➡ bien

## malade [malad マラドゥ]

1) [形容詞]　病気の，病人の

Tu es malade ?　君は病気なの？

2) [名詞] 病人，患者

C'est un malade.　あの方は患者さんです．

**M**

**maladie** [maladi マラディ] 【女性名詞】

病気

C'est une maladie grave ?　それは重い病気なんですか？

**malgré** [malgre マルグれ] 【前置詞】

…にもかかわらず

Ils sont sortis malgré le mauvais temps.
彼らは悪天候にもかかわらず出かけた.

**malheur** [malœr マルる] 【男性名詞】

不幸

C'est un grand malheur.　それは大きな不幸だ.

**malheureusement** [malørøzmɑ̃ マルるズマン] 【副詞】

残念ながら，不幸にも

Malheureusement, nous n'avons pas le temps.
残念ですが，私たちには時間がありません.

**malheureux, malheureuse** [malørø, malørøz マルる, マルるズ]
【形容詞】

不幸な，残念な

Elle était malheureuse quand elle était petite.
彼女は小さい頃は不幸せでした.

反対語 ➡ heureux

**maman** [mamɑ̃ ママン] 【女性名詞】

ママ

Sylvie, ta maman est là ?
シルヴィー，お母さんいる？

**manger** [mɑ̃ʒe マンジェ] 【他動詞・自動詞】 【活用3】

食べる，食事をする

Qu'est-ce qu'on mange au déjeuner ?
昼食に何を食べようか？

M

**manquer** [mɑ̃ke マンケ] 活用1

1) 他動詞 乗り遅れる

J'ai manqué le train.　私は列車に乗り遅れた.

2) 自動詞 足りない

〈 Il manque… 〉 非人称 …が足りない

Il manque François.　フランソワがいない.

**manteau** [mɑ̃to マント] 男性名詞

コート

Il met son manteau.　彼はコートを着る.

**marchand, marchande** [marʃɑ̃, marʃɑ̃d マるシャン, マるシャンドゥ] 名詞

商人

marchand(e) de légumes　八百屋

**marché** [marʃe マるシェ] 男性名詞

市場, マーケット

Je vais faire des courses au marché.
私は市場に買い物に行きます.

**(à) bon marché** 安い (性数変化しない), 安く
Les pommes sont bon marché aujourd'hui.
今日はリンゴが安い.

**marcher** [marʃe マるシェ] 自動詞 活用1

① 歩く

Est-ce qu'il faut encore marcher ?
まだ歩かないといけないの？

② (機械などが) 動く

Ma montre ne marche plus.　私の時計は動かなくなった.

**mardi** [mardi マるディ] 男性名詞

火曜日

M

♪171

## mari [mari マリ] 男性名詞

夫

Son mari travaille avec nous.
彼女の夫は私たちと一緒に働いています.

反対語 ➡ femme

## mariage [marjaʒ マリアジュ] 男性名詞

結婚, 結婚式

Je suis invité au mariage de mon ami.
私は友だちの結婚式に呼ばれている.

## marié, mariée [marje マリエ] 形容詞・名詞

結婚している;既婚者

Vous êtes marié ? あなたは結婚していますか?

## marier (se) [marje マリエ] 代名動詞 活用1

(avec…) …と結婚する

Elle s'est mariée avec Pierre.
彼女はピエールと結婚した.

## mars [mars マルス] 男性名詞

3月

## match [matʃ マチ] 男性名詞

試合

Je voudrais aller voir le match de foot.
サッカーの試合を見に行きたいな.

## mathématique [matematik マテマティク] 女性名詞

数学

Il est fort en mathématiques. 彼は数学が得意です.

> 注意:複数で用いるのが普通. 口語では maths [mat] と略す
> ことがある.

M

♪172

# matin [matɛ̃ マタン] [男性名詞]

朝

Paul se réveille tôt le matin.　ポールは朝早く目覚める.

**ce matin** 今朝

## matinée [matine マティネ] [女性名詞]

午前中, 昼の催し物

Nous passons toute la matinée à la bibliothèque.
私たちは午前中はずっと図書館で過ごします.

反対語 ➡ soirée

# mauvais, mauvaise [mɔvɛ, mɔvɛz モヴェ, モヴェズ] [形容詞]

① 悪い

Quel mauvais vin !　なんてまずいワインなんだ！

② [非人称] Il fait mauvais. 天気が悪い.

# me [mə ム] (母音の前で m')

1) [再帰代名詞]
私自身を, 私自身に (代名動詞の1人称単数で用いる.)

Je m'appelle Sylvie Dubois.
私はシルヴィー・デュボワといいます.

2) [人称代名詞・直接目的語] 私を

Tu m'attendras à la gare.　駅で私を待っていてね.

[ 注意：肯定命令形では -moi に変わる. (→ **moi②** ) ]

3) [人称代名詞・間接目的語] 私に

Tu peux me prêter ta voiture ?
君の車を僕に貸してくれない？

[ 注意：肯定命令形では -moi に変わる. (→ **moi②** ) ]

M

**méchant, méchante** [meʃɑ̃, meʃɑ̃t メシャン, メシャントゥ] 形容詞

意地の悪い

Il est méchant avec moi.　彼は私に意地悪だ.

反対語 ➡ gentil

**mécontent, mécontente**

[mekɔ̃tɑ̃, mekɔ̃tɑ̃t メコンタン, メコンタントゥ] 形容詞

(de …)…に不満な

Elle est mécontente de son travail.
彼女は仕事に不満である.

反対語 ➡ content

**médecin** [med(ə)sɛ̃ メドゥサン] 男性名詞

医師

Elle est médecin à l'hôpital.
彼女は病院の医師だ.

［ 注意：女性医師にもこの語を用いる. ］

**médecine** [med(ə)sin メドゥスィヌ] 女性名詞

医学

Je suis étudiant en médecine.　私は医学部の学生です.

**médicament** [medikamɑ̃ メディカマン] 男性名詞

薬, 薬剤

Prenez ces médicaments et reposez-vous.
この薬を飲んでお休みなさい.

**meilleur, meilleure** [mɛjœr メィゥる] 形容詞

① もっと良い [bon の優等比較級]

Je connais un meilleur hôtel.
私はもっといいホテルを知っています.

② 〈定冠詞または所有形容詞 ＋ ～〉
一番良い [bon の優等最上級]

**M**

C'est notre meilleur vin.
これは当店の一番良いワインです.

**membre** [mãbr マンブる] 〔男性名詞〕♪

メンバー

Tous les membres étaient là.
会員は全員そこにいました.

**même** [mɛm メム]

1) 〔形容詞〕

① （名詞の前で）同じ

Elle est du même âge que moi.
彼女は私と同じ年齢です.

② 〈強勢形人称代名詞 -même(s)〉…自身

moi-même　私自身

2) 〔副詞〕…さえ

Je me promène ici tous les jours, même le dimanche.
私は毎日ここで散歩しています，たとえ日曜日でも.

Maman, je n'ai plus faim.
— Finis **quand même** ta soupe !
ママ，もうお腹一杯だよ.
— それでもスープは全部飲みなさい.

**ménage** [menaʒ メナジュ] 〔男性名詞〕

家事，掃除

Il fait le ménage.　彼は家事をする.

**mener** [m(ə)ne ムネ] 〔他動詞〕〔活用4〕

連れて行く，（生活）を送る

Elle mène une vie heureuse.
彼女は幸せに暮らしている.

**M**

**mensonge** [mɑ̃sɔ̃ʒ マンソンジュ] 男性名詞

うそ

C'est un mensonge. それはうそだよ.

**mentir** [mɑ̃tir マンティる] 自動詞 活用15

うそをつく

Il ment tout le temps. 彼はいつもうそをつく.

**menu** [məny ムニュ] 男性名詞

献立, 定食, コース料理

Je prends le menu à 20 euros.
私は 20 ユーロのコースにします.

比較 ➡ carte

**mer** [mɛr メる] 女性名詞

海

Cet été, ils vont au bord de la mer.
この夏, 彼らは海辺に行きます.

**merci** [mɛrsi メるスィ] 間投詞

ありがとう

**Merci beaucoup.**
どうもありがとうございます.

Vous voulez du vin ? — **Non, merci.**
ワインをいかがですか? — いいえ, 結構です.

**mercredi** [mɛrkrədi メるクるディ] 男性名詞

水曜日

**mère** [mɛr メる] 女性名詞

母

Ma mère a cinquante-quatre ans. 私の母は 54 才です.

M

♪176

## merveilleux, merveilleuse

[mɛrvɛjø, mɛrvɛjøz メるヴェイウ, メるヴェイウズ] 形容詞

すばらしい

C'est merveilleux ! それはすばらしい !

## mes → mon

### météo [meteo メテオ] 女性名詞

天気予報

Selon la météo, il fera beau cet après-midi.
天気予報によれば,今日の午後は晴れるだろう.

### métier [metje メティエ] 男性名詞

職業,仕事

Quel est le métier de ton père ?
君のお父さんの仕事は何ですか?

## mètre [mɛtr メトゥる] 略号 m 男性名詞

メートル

## métro [metro メトゥろ] 男性名詞

地下鉄

Elle prend le métro pour aller à l'école.
彼女は通学に地下鉄を使う.

## mettre [mɛtr メトゥる] 他動詞 活用41

① 置く,入れる

Tu mets du sucre ? 砂糖を入れる?

② 身につける

Vous mettez votre robe noire ?
あなたは黒いドレスを着るのですか?

③ 記入する

Merci de mettre votre nom sur la liste.
この名簿にあなたのお名前を書いてください.

④ 時間をかける

> J'ai mis une heure pour venir ici.
> ここに来るのに 1 時間かかった.

**meuble** [mœbl ムブル] 男性名詞 ♪

家具

> Il y a des meubles anciens dans cette chambre.
> この部屋には古い家具があります.

**midi** [midi ミディ] 男性名詞

正午

> Je travaille jusqu'à midi.　私は正午まで仕事をします.

**mien (le), mienne (la)** [mjɛ̃, mjɛn ミアン, ミエヌ] 所有代名詞

私のもの (定冠詞とともに用いる)

> Ma montre ne marche pas.
> — Tu peux utiliser la mienne alors.
> 私の時計は動かない.
> — じゃあ, 私のを使っていいよ.

**mieux** [mjø ミウ] 副詞

① よりよく, より上手に [bien の優等比較級]

> Vous allez mieux ?　よくなりましたか?

② 〈le 〜〉一番上手に [bien の優等最上級]

> Parmi nous, c'est toi qui danses le mieux.
> 私たちの間では, あなたが一番ダンスがうまい.

**Tant mieux !** それはよかった!

**mignon, mignonne** [miɲɔ̃, miɲɔn ミニョン, ミニョヌ] 形容詞

かわいらしい

> Les enfants de Sophie sont très mignons.
> ソフィの子どもたちはとてもかわいい.

M

**milieu** [miljø ミリゥ] (複数 milieux) 男性名詞

真ん中

Il y a une grande table au milieu du salon.
客間の中央に大きなテーブルがある.

**mille** [mil ミル] 数詞 《不変》

1000

Cette voiture coûte plus de huit(-)mille euros.
この車は 8000 ユーロ以上します.

dix(-)mille 10.000　cent(-)mille 100.000

**million** [miljɔ̃ ミリョン] 男性名詞・数詞

100 万

un million d'euros　100 万ユーロ

**mince** [mɛ̃s マンス] 形容詞

細い, 薄い

Elle est très mince.　彼女はとても痩せている.

反対語 ➡ gros

Ce livre est mince.　この本は薄い.

反対語 ➡ épais

**mine** [min ミヌ] 女性名詞

顔色, 顔つき

Tu as mauvaise mine.　君は顔色が悪いよ.

**minuit** [minɥi ミニュイ] 男性名詞

真夜中, 午前零時

Il rentre à minuit.　彼は真夜中に帰宅する.

**minute** [minyt ミニュトゥ] 女性名詞

分

Il faut vingt minutes à pied.　徒歩で 20 分かかります.

M

♪179

**miroir** [mirwar ミるワる] **男性名詞**

鏡

Elle se regarde dans le miroir.
彼女は鏡で自分の姿を見ている.

**misérable** [mizerabl ミぜらブル] **形容詞**

哀れな，貧しい

Ils vivaient dans des conditions misérables.
彼らは悲惨な状態で生活していた.

**M<sup>lle</sup> → mademoiselle**

**M<sup>me</sup> → madame**

**mode** [mɔd モドゥ] **女性名詞**

流行

Ce sac est **à la mode** chez les jeunes filles.
若い女性の間でこのバッグが**流行している**.

**modèle** [mɔdɛl モデル] **男性名詞**

商品，型

Si vous voulez, nous avons d'autres modèles.
もしお望みなら，別の商品もございます.

**moderne** [mɔdern モデるヌ] **形容詞**

近代の，現代の

Le Musée d'Art Moderne est ouvert jusqu'à dix-neuf
heures.　近代美術館は 19 時まで開いています.

**moi** [mwa ムワ] **強勢形人称代名詞**

① 私

C'est moi.　それは私です.

Cette robe est trop grande pour moi.
このドレスは私には大きすぎます.

M

*cent soixante-dix-neuf* **179**

♪180

② (肯定命令の後で直接および間接目的語の me にかわって用いられる) 私を，私に

Donnez-moi un peu de vin, s'il vous plaît.
私にワインを少しください.

## moins [mwɛ̃ ムワン] ♪

1) 比較の副詞

① 〈＋形容詞・副詞〉[劣等比較級]

より少なく…である

Je suis moins grand que mon père.
私は父よりも背が低い.

比較 ➡ plus, aussi

② 〈定冠詞＋~＋形容詞〉[劣等最上級]

最も少なく…だ，一番…でない

Elle est la moins grande de la classe.
彼女はクラスで一番小柄です.

③ 〈le ~＋副詞〉[劣等最上級]

Elle court le moins vite de la classe.
彼女はクラスで一番走るのが遅い.

④ 〈de ＋名詞〉

より少ない…

J'ai moins de travail qu'hier.
私はきのうほどは仕事がない.

比較 ➡ plus, autant

⑤ 〈le ~ de ＋名詞〉

一番少ない…

Il a le moins de patience.  彼は一番忍耐力がない.

2) 男性名詞

Je vois Paul **au moins** une fois par semaine.
私は**少なくとも**週に1回はポールに会います.

**M**

3) 前置詞 …分前

Il est huit heures moins cinq. 8時5分前です.

## mois [mwa ムワ] 男性名詞 ♪

（暦の）月

Attendez jusqu'au mois de décembre.
12月まで待ってください.

**ce mois-ci** 今月
**le mois prochain** 来月
**le mois dernier** 先月

## moitié [mwatje ムワティエ] 女性名詞

半分

la première moitié du vingtième siècle 20世紀の前半

## moment [mɔmɑ̃ モマン] 男性名詞

一瞬, 時期

**Un moment**, s'il vous plaît.
しばらくお待ちください.

Je suis occupé **pour le moment**.
今のところ忙しい.

**En ce moment**, je suis en vacances.
今, 私は休暇中なんです.

## mon, ma, mes [mɔ̃, ma, me モン, マ, メ] 所有形容詞

私の

C'est mon frère.
これは私の兄（弟）です.

Ma mère habite à Lyon.
母はリヨンに住んでいます.

Mes parents vont en France.
私の両親はフランスに行きます.

> 注意：母音で始まる女性名詞の前では mon が用いられる.
> mon école 私の学校

**M**

## monde [mɔ̃d モンドゥ] 男性名詞

世界，人びと

Il y a combien de pays dans le monde ?
世界にはいくつ国があるんだろう？

Il y a du monde !
なんて人が多いんでしょう！

**tout le monde** みんな

## monnaie [mɔnɛ モネ] 女性名詞

小銭，釣銭，通貨

Je n'ai pas de monnaie. 小銭がないんです．

## monsieur [məsjø ムスィウ]
(複数 messieurs [mesjø メスィウ]) 男性名詞

① (男性に対する呼びかけ)

Pardon, monsieur. すみませんが．

② 〈+姓〉…さん，…氏 略号 M.

Je voudrais voir monsieur Martin.
マルタンさんにお目にかかりたいのですが．

③ 男性

Qui est ce monsieur ? あの男性は誰ですか？

［注意：homme よりていねいな言い方］

比較 ➡ homme

## montagne [mɔ̃taɲ モンタニュ] 女性名詞

山

Elles vont à la montagne. 彼女たちは山に行きます．

## monter [mɔ̃te モンテ] 自動詞 活用1 (助動詞はêtre)

登る，乗り込む，上昇する

Il monte dans un train. 彼は列車に乗る．

**M**

## montre [mɔ̃tr モントゥる] 女性名詞

腕時計

Il est onze heures à ma montre.　私の時計では 11 時です.

## montrer [mɔ̃tre モントゥれ] 他動詞 活用1

見せる，示す

Montrez-moi les photos de votre voyage.
あなたの旅行の写真を私に見せてください.

## monument [mɔnymɑ̃ モニュマン] 男性名詞

記念建造物，モニュメント

En vacances, j'aime bien visiter les monuments
historiques.
休暇中訪れた先で，私は名所旧跡を見て回りたい.

## morceau [mɔrso モるソ] (複数 morceaux) 男性名詞

断片，一片，一部分

Donne-moi un morceau de pain.
私にパンを 1 切れください.

## mort [mɔr モる] 女性名詞

死

Il craint la mort de son chien.
彼は飼い犬の死を恐れている.

## mort, morte → mourir

## mot [mo モ] 男性名詞

言葉，単語

Je ne comprends pas ce mot français.
このフランス語の単語がわかりません.

M

♪184

**moto** [moto モト] 女性名詞

オートバイ (motocyclette の略語)

Je vais à l'école à (en) moto. 私はバイクで通学している.

**mouchoir** [muʃwar ムゥシュワる] 男性名詞

ハンカチ

Elle a sorti son mouchoir de son sac.
彼女はバッグからハンカチを取り出した.

**mourir** [murir ムゥりる] 自動詞 活用17 (助動詞はêtre)

死ぬ

J'avais quinze ans quand ma mère est morte.
母が死んだとき, 私は15才だった.

**mouton** [mutɔ̃ ムトン] 男性名詞

ヒツジ

**mouvement** [muvmɑ̃ ムゥブマン] 男性名詞

動き, 運動, 変動

Il a fait un mouvement du bras.
彼は腕を動かした.

**moyen** [mwajɛ̃ ムワィアン] 男性名詞

手段, 方法

Quel est votre moyen de transport ?
あなたの移動手段は何ですか?

**mur** [myr ミュる] 男性名詞

壁

Il a mis un tableau au mur. 彼は壁に絵を掛けた.

**mûr, mûre (mure)** [myr ミュる] 形容詞

熟した, 成熟した

Cette pomme n'est pas encore assez mûre.
このりんごはまだ十分に熟していない.

## musée [myze ミュゼ] 男性名詞

美術館，博物館

Le musée Rodin est près d'ici ?
ロダン美術館はこの近くですか？

## musicien, musicienne

[myzisjɛ̃, myzisjɛn ミュズィスィアン, ミュズィスィエヌ] 名詞

音楽家

Ce musicien est célèbre dans le monde entier.
この音楽家は世界中で有名です．

## musique [myzik ミュズィック] 女性名詞

音楽

J'aime la musique de chambre.　私は室内楽が好きです．

M

## 身体

**corps** 男 身体

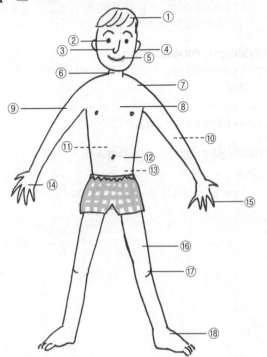

① **tête** 女 頭
② **œil** 男 **yeux** 男・複 目
③ **nez** 男 鼻
④ **oreille** 女 耳
⑤ **bouche** 女 口
⑥ **cou** 男 首
⑦ **épaule** 女 肩
⑧ **poitrine** 女 胸
⑨ **bras** 男 腕

⑩ **coude** 男 ひじ
⑪ **dos** 男 背
⑫ **ventre** 男 腹
⑬ **reins** 男・複 腰
⑭ **main** 女 手
⑮ **doigt** 男 指
⑯ **jambe** 女 脚
⑰ **genou** 男 ひざ
⑱ **pied** 男 足

身体

# N

n' → ne

N° → numéro

**nager** [naʒe ナジェ] 自動詞 活用3 ♪

泳ぐ

Il aime nager en mer.　彼は海で泳ぐのが好きだ.

**naissance** [nɛsɑ̃s ネサンス] 女性名詞

誕生

la date de naissance　生年月日

**naître (naitre)** [nɛtr ネトゥる] 自動詞 活用42 （助動詞はêtre）

生まれる

Je suis né dans un petit village.
私は小さな村で生まれました.

**natation** [natasjɔ̃ ナタスィオン] 女性名詞

水泳

faire de la natation　水泳をする

**nation** [nasjɔ̃ ナスィオン] 女性名詞

国民, 国

l'Organisation des Nations Unies　国際連合 (ONU)

**national, nationale** [nasjɔnal ナスィオナル]
（男性複数 nationaux） 形容詞

国の, 国民の

C'est un parc national.　これは国立公園です.

**nationalité** [nasjɔnalite ナスィオナリテ] 〔女性名詞〕

国籍

De quelle nationalité êtes-vous ?
あなたの国籍はどこですか？

**nature** [natyr ナテュる] 〔女性名詞〕

自然

J'aime la nature.　私は自然が好きだ．

**naturel, naturelle** [natyrɛl ナテュれル] 〔形容詞〕

自然の

J'étudie les sciences naturelles.
私は自然科学を学んでいます．

**naturellement** [natyrɛlmɑ̃ ナテュれルマン] 〔副詞〕

自然に，当然

Tu as réussi à ton examen ?　— Naturellement !
試験に合格した？　　　　　　— もちろんさ！

**ne** [nə ヌ]（母音の前でn'）〔否定の副詞〕

① 〈ne〔動詞または助動詞〕pas〉 …でない，…しない

Je ne comprends pas le japonais.
私は日本語がわかりません．

② 〈pas 以外の語とともに〉

Il n'y a **plus** de lait
もう牛乳がない．

Excusez-moi, madame.　— Ça **ne** fait **rien**.
どうもすみません．　　　　— かまいませんよ．

Il **n'**y a **personne** dans la chambre.
部屋には誰もいません．

**né, née → naître**

**N**

## nécessaire [neseser ネセセ<sub>る</sub>] 形容詞

必要な

Ce n'est pas nécessaire.
それは必要ありません.

## neige [nɛʒ ネジュ] 女性名詞

雪

La neige tombe. 雪が降っている.

## neiger [neʒe ネジェ] 非人称動詞 活用3

雪が降る

Il fait froid, il va neiger.
寒い, 雪になりそうだ.

## n'est-ce pas ? [nɛspɑ ネスパ]

…ですね, そうでしょう? (付加疑問文をつくる)

Elle est un peu méchante, n'est-ce pas ?
彼女, ちょっと意地悪じゃない?

## nettoyer [netwaje ネトゥワイエ] 他動詞 活用10

掃除する

Il faut nettoyer ma chambre.
私の部屋を掃除しなければいけない.

## neuf [nœf ヌフ] 数詞

9

Nous partons à neuf heures. 私たちは9時に出発します.

[ 注意：heures と ans の前では [nœv ヌヴ] と発音される. ]

## neuf, neuve [nœf, nœv ヌフ, ヌヴ] 形容詞

新品の

Il a acheté une voiture neuve. 彼は新車を買った.

比較 ➡ nouveau

# neuvième [nœvjɛm ヌヴィエム] 序数詞

9番目の，9回目の

# nez [ne ネ] 男性名詞

鼻

# ni [ni ニ] 接続詞

〈ne…pas A ni B または ne…ni A ni B〉
A も B も…ない，しない

Je n'ai pas de frère ni de sœur.
Je n'ai ni frère ni sœur.
私には兄弟も姉妹もいない．

# Noël [nɔɛl ノエル] 男性名詞

クリスマス

Tu as eu un beau Noël ?
楽しいクリスマスを過ごした？

# noir, noire [nwar ヌワる] 形容詞

黒い，暗い

Le ciel est noir, il va pleuvoir.　空が暗い，雨が降りそうだ．

# nom [nɔ̃ ノン] 男性名詞

（ものの）名前，（人の）姓

Quel est le nom de cette fleur ?
この花の名前は何ですか？

# nombre [nɔ̃br ノンブる] 男性名詞

数

Quel est le nombre d'étudiants dans ton école ?
君の学校の学生数は何人ですか？

♪191

**nombreux, nombreuse** [nɔ̃brø, nɔ̃brøz ノンブる. ノンブるズ] 形容詞

数が多い

Il y a de nombreux touristes japonais ici.
ここには日本人の観光客が多い.

## non [nɔ̃ ノン] 副詞

いいえ

Vous prenez du fromage ? ― Non, merci.
チーズをいかがですか? ― いいえ, 結構です.

Tu n'es pas chinois ? ― Non, je suis japonais.
君は中国人じゃないの? ― はい, ぼくは日本人です.

## nord [nɔr ノる] 男性名詞

北

Le village est au nord de Paris.  その村はパリの北にある.

**nord-est** 北東     **nord-ouest** 北西

**normal, normale** [nɔrmal ノるマル] (男性複数 normaux) 形容詞

正常の, 当然の

C'est normal.  それは当たり前だよ.

## nos → notre

**note** [nɔt ノトゥ] 女性名詞

① ノート, メモ

J'ai pris des notes.  私はノートをとった.

② 点数, 成績

Marie a eu de bonnes notes en japonais.
マリーは日本語でいい点をとった.

## notre, nos [nɔtr, no ノトゥる. ノ] 所有形容詞

私たちの

Notre famille habite ici depuis cinq ans.
私たちの家族はここに5年前から住んでいます.

Nous allons passer nos vacances en Italie.
私たちはイタリアで休暇を過ごすつもりです.

**nôtre (le/la)** [notr ノトゥる] 所有代名詞 ♪

私たちのもの（定冠詞とともに用いる）

Votre maison est plus grande que la nôtre.
あなたの家は私たちのよりも大きい.

## nous [nu ヌゥ]

1) 主語人称代名詞

私たちは

Nous faisons du tennis ensemble.
私たちはいっしょにテニスをする.

2) 強勢形人称代名詞

私たち

Tu ne viens pas chez nous ?
私たちの家に来ない？

3) 再帰代名詞

私たち自身を，私たち自身に

Asseyons-nous ici.
ここに座りましょう.

4) 人称代名詞・直接目的語

私たちを

Nicole nous invite à dîner ce soir.
ニコルは私たちを今晩夕食に招待している.

5) 人称代名詞・間接目的語

私たちに

Il nous a dit bonjour. 彼は私たちに挨拶しました.

**N**

### nouveau, nouvelle [nuvo, nuvɛl ヌゥヴォ, ヌゥヴェル]
（nouveauは母音の前でnouvel, 男性複数 nouveaux）[形容詞]

新しい, 今度の

C'est ta nouvelle voiture ?
これが君の今度の車かい？

**le nouvel an** 新年

### nouvelle [nuvɛl ヌゥヴェル] [女性名詞]

ニュース, 知らせ, 便り

J'écoute les nouvelles à la radio.
私はラジオでニュースを聞きます.

### novembre [nɔvɑ̃br ノヴァンヴる] [男性名詞]

11 月

### nuage [nɥaʒ ニュアジュ] [男性名詞]

雲

Il y aura des nuages dans le sud de la France.
フランス南部には雲が出るでしょう.

### nuit [nɥi ニュイ] [女性名詞]

夜

Je vais passer deux nuits dans cet hôtel.
私はこのホテルに 2 泊します.

**Bonne nuit !** おやすみなさい！

**cette nuit** 今晩

**toute la nuit** 一晩中

### numéro [nymero ニュメろ] [略号] N° [男性名詞]

番号

Quel est votre numéro de téléphone ?
あなたの電話番号は何番ですか？

♪194

地域名・国名

## 地域名・国名・都市名

| | 地域名・国名 | 形容詞 (男) | (女) | 首都 |
|---|---|---|---|---|
| アジア | *l'Asie* 女 | *asiatique* | *asiatique* | — |
| 日本 | le Japon 男 | japonais | japonaise | Tokyo |
| 中国 | la Chine 女 | chinois | chinoise | Pékin |
| 韓国 | la Corée(du Sud) 女 | coréen | coréenne | Séoul |
| ヨーロッパ | *l'Europe* 女 | *européen* | *européenne* | — |
| フランス | la France 女 | français | française | Paris |
| イギリス, イングランド | l'Angleterre 女 | anglais | anglaise | Londres |
| ドイツ | l'Allemagne 女 | allemand | allemande | Berlin |
| イタリア | l'Italie 女 | italien | italienne | Rome |
| スペイン | l'Espagne 女 | espagnol | espagnole | Madrid |
| ベルギー | la Belgique 女 | belge | belge | Bruxelles |
| スイス | la Suisse 女 | suisse | suisse | Berne |
| ロシア | la Russie 女 | russe | russe | Moscou |
| アメリカ | *l'Amérique* 女 | *américain* | *américaine* | — |
| 米国 | les États-Unis 男・複 | américain | américaine | Washington |
| カナダ | le Canada 男 | canadien | canadienne | Ottawa |
| メキシコ | le Mexique 男 | mexicain | mexicaine | Mexico |
| ブラジル | le Brésil 男 | brésilien | brésilienne | Brasilia |
| アフリカ | *l'Afrique* 女 | *africain* | *africaine* | — |
| エジプト | l'Égypte 女 | égyptien | égyptienne | Le Caire |
| アルジェリア | l'Algérie 女 | algérien | algérienne | Alger |
| オセアニア | *l'Océanie* 女 | *océanien* | *océanienne* | — |
| オーストラリア | l'Australie 女 | australien | australienne | Canberra |

**フランスの都市** [( )内は形容詞]

リヨン Lyon (lyonnais(e))　マルセイユ Marseille (marseillais(e))
ニース Nice (niçois(e))　パリ Paris (parisien(ne))

注：形容詞の頭文字を大文字にすれば「〜人」の名詞になる.
　　(例) un Français, une Française　フランス人

# O

**obéir** [ɔbeir オベイる] [自動詞] [活用13]

(à …)…に従う

Ce garçon obéit bien à ses parents.
あの少年は両親のいうことをよく聞く.

**obligé, obligée** [ɔbliʒe オブリジェ] [形容詞]

(de…)…を余儀なくされた

Je suis obligé de rentrer avant sept heures.
私は7時までに帰宅しなければならない.

**obtenir** [ɔptənir オプトニる] [他動詞] [活用14]

獲得する

Il a obtenu le grand prix au concours.
彼はコンクールで大賞を獲得した.

**occasion** [ɔkazjɔ̃ オカズィオン] [女性名詞]

機会, チャンス

C'est une bonne occasion. これはいい機会です.

**occupé, occupée** [ɔkype オキュペ] [形容詞]

忙しい, ふさがっている

Je suis occupé jusqu'à midi. 私は正午までは忙しい.

**occuper (s')** [ɔkype オキュペ] [代名動詞] [活用1]

(de…)…の世話をする, 面倒をみる

Il s'occupe bien de ses enfants.
彼はよく子どもたちの面倒をみる.

**octobre** [ɔktɔbr オクトブる] [男性名詞]

10月

**œil** [œj ウィユ] (複数 yeux [jø イユー]) [男性名詞]

目 (→ **yeux** )

**œuf** [œf ゥフ] **男性名詞**

卵, 玉子

Il faut combien d'œufs pour faire ce gâteau ?
そのケーキを作るのに卵がいくつ要りますか？

[ **注意**：複数は œufs [ø ゥ] と発音する. ]

**œuvre** [œvr ゥヴる] **女性名詞**

作品

Ses meilleures œuvres sont dans ce musée.
彼（彼女）の傑作はこの美術館にあります.

**offrir** [ɔfrir オフりる] **他動詞** **活用18**

プレゼントする

Il a offert un cadeau à son grand-père.
彼はおじいさんにプレゼントをあげた.

**oh** [o オ] **間投詞**

（驚き, 喜びなどを表わす）

Tenez, c'est pour vous.　　　 — Oh, merci beaucoup.
これ, あなたに.　　　　　　  — まあ, どうもありがとう.

**oignon (ognon)** [ɔɲɔ̃ オニョン] **男性名詞**

タマネギ

soupe à l'oignon　オニオンスープ

**oiseau** [wazo ワゾ] **（複数 oiseaux）** **男性名詞**

鳥

Il y a beaucoup d'oiseaux dans ce bois.
この林には鳥がたくさんいます.

**ombre** [ɔ̃br オンブる] **女性名詞**

陰, 日陰

**非人称** Il fait vingt-cinq degrés à l'ombre.
日陰で25度あります.

**on** [ɔ̃ オン] **不定代名詞**

① （不特定の人, 人びと）人は, 人々は

Avant, on mangeait plus de riz.
昔はもっとたくさん米を食べていました.

② (nous など他の代名詞に代って用いられる)

Qu'est-ce qu'on fait ce soir ?
今晩は何をしようか？

> 注意：動詞は常に 3 人称単数形を用いる. 時に l'on の形を
> とるが意味に違いはない.

**oncle** [ɔ̃kl オンクル] [男性名詞] ♪

叔父，伯父

C'est mon oncle André.　この人はアンドレおじさんです.

## ont → avoir

### onze [ɔ̃z オンズ] [数詞]

11

Il est déjà onze heures.　もう 11 時だ.

> 注意：先行する語との間でエリィジオンもリエゾンもしない.
> Elle part le onze. 彼女は 11 日に出発する.

**opinion** [ɔpinjɔ̃ オピニオン] [女性名詞]

意見，世論

Il a changé d'opinion.　彼は意見を変えた.

**or** [ɔr オる] [男性名詞]

金

C'est une montre en or.　これは金の時計です.

**orage** [ɔraʒ オらジュ] [男性名詞]

嵐，雷雨

Il y aura des orages dans l'après-midi.
午後には雷雨があるでしょう.

### orange [ɔrɑ̃ʒ オランジュ] [女性名詞]

オレンジ

Je veux boire un jus d'orange.
私はオレンジジュースが飲みたい.

♪198

**ordinateur** [ɔrdinatœr オるディナトゥる] 男性名詞

コンピューター, パソコン
Je peux me servir de cet ordinateur ?
このコンピューターを使ってもいいですか？

**ordre** [ɔrdr オるドゥる] 男性名詞

順番, 秩序
J'ai mis de l'ordre dans la chambre.
私は部屋を整理した.

**oreille** [ɔrɛj オれユ] 女性名詞

耳

**organisation** [ɔrganizasjɔ̃ オるガニザスィオン] 女性名詞

組織, 機関
l'Organisation mondiale de la santé
世界保健機構, WHO (OMS)

**oser** [oze オゼ] 他動詞 活用1

〈+ 不定詞 〉思いきって…する
Je n'ai pas osé leur parler.  私は彼らに話す勇気がなかった.

**ou** [u ウ] 接続詞

または, あるいは
Que prenez-vous, de la viande ou du poisson ?
肉と魚, どちらになさいますか？

**où** [u ウ]

1) 疑問副詞

どこに, どこで
Où est la gare de Tokyo ?  東京駅はどこですか？
D'où venez-vous ?  あなたはどこからいらっしゃいましたか？

2) 関係代名詞

① [場所を示す]

Voici le restaurant où mon frère travaille.
これが私の兄が働いているレストランです.

② [時を示す]

Tu te souviens du jour où nous nous sommes rencontrés ?　私たちが出会った日のことを覚えている?

## oublier [ublije ウブリィエ] [他動詞] [活用1] ♪

忘れる

Elle a oublié son sac dans le train.
彼女は列車の中にバッグを忘れた.

## ouest [west ウェストゥ] [男性名詞]

西, 西部

Il y a du vent d'ouest.
西風が吹いている.

## oui [wi ウィ] [副詞]

はい, そうです

Vous aimez la cuisine française ?
— Oui, bien sûr.
フランス料理はお好きですか?
— はい, もちろんです.

## ouvert, ouverte [uver, uvert ウヴェる, ウヴェるトゥ] [形容詞]

開いた, 開店 (開館) している

Ce magasin est ouvert de 10 heures à 20 heures.
この店は10時から20時まであいております.

## ouvrir [uvrir ウヴリる] [活用18]

1) [他動詞]

あける, 開く

Voulez-vous ouvrir la fenêtre ?
窓を開けていただけませんか?

2) [自動詞]

あく, 開く

Le musée ouvre à neuf heures.
その美術館は9時に開館します.

♪200

アパルトマン

## アパルトマン

**appartement** 男 アパルトマン

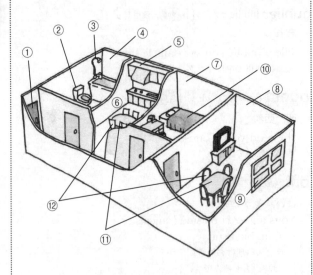

① **porte** 女 ドア
② **toilettes** 女・複 トイレ
③ **douche** 女 シャワー
④ **salle** 女 **de bain** バスルーム
⑤ **cuisine** 女 キッチン，台所
⑥ **salle** 女 **à manger** 食堂，ダイニングルーム
⑦ **chambre** 女 寝室
⑧ **salle** 女 **de séjour** 居間，リビングルーム
⑨ **fenêtre** 女 窓
⑩ **lit** 男 ベッド
⑪ **table** 女 テーブル
⑫ **chaise** 女 椅子

*200 deux cents*

# P

**page** [paʒ バジュ] **女性名詞**

ページ

Ouvrez votre livre à la page 56.
56 ページを開いてください.

**pain** [pɛ̃ パン] **男性名詞**

パン

Le matin, nous mangeons du pain.
朝, 私たちはパンを食べます.

**paix** [pɛ ペ] **女性名詞**

平和, 和平

Tout le monde veut la paix.　みんなが平和を望んでいる.

**panne** [pan パヌ] **女性名詞**

故障

Ma voiture est en panne.　私の車は故障している.

**pantalon** [pɑ̃talɔ̃ パンタロン] **男性名詞**

ズボン, スラックス

Je préfère ce pantalon.　私はこのスラックスの方がいい.

**papa** [papa パパ] **男性名詞**

パパ

Où est ton papa ?　君のお父さんはどこ?

**papier** [papje パピエ] **男性名詞**

紙, 書類

J'achète du papier à lettres.
私は便箋を買う.

**paquet** [pakɛ パケ] **男性名詞**

小包, パック

J'ai acheté un paquet de café.
私はコーヒーを1箱買った.

## **par** [par パる] **前置詞**

### ① (手段・方法) …で

Pourriez-vous envoyer ces documents par la poste ?
これらの書類を郵便で送ってもらえますか?

### ② (基準・単位) …当り, …ごとに

Il va au cinéma une fois par semaine.
彼は週に1度映画を見に行く.

### ③ (通過) …を通って

Je regarde la mer par la fenêtre.
私は窓ごしに海を見ている.

### ④ (動作主) …によって

Le garçon a été grondé par son père.
その少年は父親にしかられた.

## **paraître (paraitre)** [parɛtr パれトゥる] **自動詞** **活用34**

…のように見える

Elle paraît jeune. 彼女は若く見えます.

## **parapluie** [paraplɥi パらプリュイ] **男性名詞**

雨傘

Il va pleuvoir. Prends ton parapluie.
雨になりそうだ. 傘を持っていきなさい.

## **parc** [park パるク] **男性名詞**

公園

Il promène son chien dans le parc.
彼は公園で犬を散歩させる.

## parce que [pars(ə)kə バるスク] (母音の前でparce qu') 接続詞句

なぜなら

Pourquoi tu ne manges pas ?
— Parce que je n'ai pas faim.
どうして食べないの？
— お腹がすいていないから．

## pardon [pardɔ̃ バるドン] 男性名詞

失礼ですが，すみません（呼びかけ・軽い謝罪）

Pardon, madame. Ce bus va à la gare ?
すみません，このバスは駅に行きますか？

### pareil, pareille [parɛj バれユ] 形容詞

似た，同様の

C'est pareil.　同じことだよ．

## parent [parɑ̃ バらン] 男性名詞

（複数で）両親，父母

Je vais chez mes parents.
私は両親の家に行きます．

### paresseux, paresseuse [paresø, paresøz バれス, バれスズ] 形容詞

なまけ者の，怠惰な

C'est un étudiant paresseux.　あれは勉強しない学生だ．

### parfait, parfaite [parfɛ, parfɛt バるフェ, バるフェトゥ] 形容詞

完全な，完璧な

C'est parfait !　それで完璧です！

### parfaitement [parfɛtmɑ̃ バるフェトゥマン] 副詞

完全に，完璧に

Cette cravate vous va parfaitement !
このネクタイは本当にあなたにお似合いですよ！

**parfois** [parfwa パるフワ] [副詞]

時おり，時には

Parfois, je viens ici regarder la mer.
時おり私はここに海を見に来ます．

**parfum** [parfœ̃ パるファン] [男性名詞]

香り，香水

J'aime beaucoup le parfum des roses.
私はバラの香りが大好きです．

**Paris** [pari パリ] [固有名詞]

パリ

**parisien, parisienne** [parizjɛ̃, parizjɛn パリズィアン, パリズィエヌ] [形容詞]

パリの，パリの人の

banlieue parisienne パリの郊外

**Parisien, Parisienne** [名詞]

パリ育ちの人，パリの住民

**parler** [parle パるレ] [自動詞・他動詞] [活用1]

話す

Elle parle avec une amie.
彼女は友だちと話している．

Vous parlez japonais ? あなたは日本語を話しますか？

**parmi** [parmi パるミ] [前置詞]

…の間で，…の間の

Parmi nous, c'est toi qui danses le mieux.
私たちの間では，君が一番ダンスが上手だ．

**part** [par パる] 女性名詞

部分，分担

C'est de la part de qui ?
どちらさまですか？（電話での応答）

**quelque part** どこかで

**partager** [partɑʒe パるタジェ] 他動詞 活用3

分ける，共有する

Nous partageons ce gâteau en trois.
私たちはこのケーキを3つに分ける.

**particulier, particulière**
[partikylje, partikyljɛr パるティキュリエ, パるティキュリエる] 形容詞

特別の，個人の

Elle prend des leçons particulières de français.
彼女はフランス語の個人レッスンを受けている.

**particulier** 男性名詞

特殊

C'est un très bon élève, **en particulier** en histoire.
彼はとても成績のよい生徒です，特に歴史が.

**partie** [parti パるティ] 女性名詞

部分

J'ai lu la première partie de ce livre.
私はその本の第1部を読んだ.

**partir** [partir パるティる] 自動詞 活用15 （助動詞はêtre）

出発する，出かける

Nous partons demain pour Rome.
私たちは明日ローマに出発します.

反対語 ➡ arriver

**partout** [partu バルトゥ] 副詞

いたるところに

Je voudrais voyager partout en France.
私はフランスのいろいろなところへ旅行したい.

**pas** [pɑ バ] 否定の副詞

〈ne…pas〉…しない, …でない

Il n'y a pas de fleurs sur la table.
テーブルの上に花はありません.

**pas** [pɑ バ] 男性名詞

歩み, 歩幅

Il marche à grands pas. 彼は大股で歩く.

**passé, passée** [pɑse バセ] 形容詞

過去の, (時刻・年齢が)…過ぎの

Il est midi passé. 正午過ぎです.

**passeport** [pɑspɔr バスポる] 男性名詞

パスポート

Votre passeport, s'il vous plaît.
パスポートを提示してください.

**passer** [pɑse バセ] 活用1

1) 自動詞 (助動詞は être)

通る, 立ち寄る, 過ぎる

Paul, tu passes par la gare ?
ポール, 駅を通る?

2) 他動詞 (助動詞は avoir)

過ごす

J'ai passé un été à Paris. 私はパリでひと夏を過ごした.

**se passer** 代名動詞

(出来事，事件などが) 起きる，発生する

Qu'est-ce qui s'est passé ? 何が起きたのですか？

**patience** [pasjɑ̃s パスィアンス] 女性名詞

忍耐力，根気

Il a beaucoup de patience.
彼はとてもがまん強い．

**pâtisserie** [pɑtisri パティスリ] 女性名詞

ケーキ，ケーキ店

J'adore les pâtisseries.
私はケーキが大好きだ．

**pâtissier, pâtissière**
[patisje, patisjɛr パティスィエ，パティスィエる] 名詞

ケーキ職人，ケーキ店の店員

Je voudrais devenir pâtissier.
ケーキ職人になりたいな．

**patron, patronne** [patrɔ̃, patrɔn パトゥロン，パトゥろヌ] 名詞

経営者，店主

C'est un patron de café. あの人はカフェの店主だ．

**pauvre** [povr ポヴる] 形容詞

貧しい，哀れな

C'est une pauvre jeune fille.
あれはかわいそうな娘です．

> 注意：一般に名詞の後に置かれると「貧しい」の意味に，前に
> 置かれると「哀れな」の意味になる．

P

## payer [peje ペイエ] [他動詞] [活用7]

支払う

Vous payez comment ?
どのようにお支払いになりますか?

## pays [pei ペイ] [男性名詞]

国, 地方

L'Algérie est un pays d'Afrique.
アルジェリアはアフリカの国です.

## paysage [peizaʒ ペイザジュ] [男性名詞]

風景, 景色

De ma chambre, on voit un beau paysage.
私の部屋から美しい景色が見えます.

## peau [po ポ] (複数 peaux) [女性名詞]

皮膚, 肌

C'est une maladie de peau.
これは皮膚病です.

## pêche [pɛʃ ペシュ] [女性名詞]

モモ

On va acheter des pêches pour le dessert.
デザートにモモを買おう.

## peine [pɛn ペヌ] [女性名詞]

苦痛, 悲しみ, 苦労

**Ce n'est pas la peine.** その必要はありません.

## peintre [pɛ̃tr パントゥル] [名詞]

画家

## peinture [pɛ̃tyr パンテュル] [女性名詞]

絵画, ペンキ

Je m'intéresse beaucoup à la peinture.
私は絵画にとても興味があります.

## pendant [pɑ̃dɑ̃ パンダン] 前置詞

…の間に

Tu rentres au Japon pendant les vacances ?
君は休暇中に日本に帰るのですか？

## pénible [penibl ペニブル] 形容詞

つらい

C'est un travail très pénible.
それはとてもつらい仕事です.

## penser [pɑ̃se パンセ] 自動詞・他動詞 活用1

考える，(à…)…のことを考える

Elle pense toujours à son fils.
彼女はいつも息子のことを考えている.

## perdre [pɛrdr ぺるドゥる] 他動詞 活用30

失う，紛失する，(スポーツなどで) 敗れる

Elle a perdu sa carte d'étudiant.
彼女は学生証を紛失した.

## père [pɛr ぺる] 男性名詞

父

Comment va votre père ?
あなたのお父様はお元気ですか？

## permettre [pɛrmɛtr ぺるメトゥる] 他動詞 活用41

〈de + 不定詞〉…することを許す，認める

Il a permis à son fils de voyager tout seul.
彼は息子にひとり旅をすることを許した.

## permis [pɛrmi ぺるミ] 男性名詞

許可証

permis de conduire　運転免許証

♪210

**permission** [pɛrmisjɔ̃ ペるミスィオン] 女性名詞

許可

Avez-vous la permission d'entrer ?
入構許可をお持ちですか?

## personne [pɛrsɔn ペるソヌ]

1) 不定代名詞

(ne とともに) 誰も…ない，しない

Il n'y a personne dans la salle de classe.
教室には誰もいません.

2) 女性名詞 人，人間

L'appartement est assez grand pour deux personnes.
そのアパルトマンは 2 人には十分に広い.

[ 注意：男女を問わず女性名詞として扱う. ]

**peser** [pəze プゼ] 自動詞 活用4

重さ（体重）が…である

Elle pèse combien, votre valise ?
あなたのスーツケースは重さがどれくらいありますか?

## petit, petite [p(ə)ti, p(ə)tit プティ, プティトゥ]
形容詞 （名詞の前に置く）

小さい，幼い，ちょっとした

Elle a un petit frère.
彼女は弟がいる.

Nous avons fait une petite promenade avant le dîner.
私たちは夕食前に軽く散歩をしました.

## petit déjeuner [p(ə)tideʒœne プティデジュネ] 男性名詞

朝食

Qu'est-ce que tu prends au petit déjeuner ?
君は朝食に何を食べますか?

**petite-fille** [p(ə)titfij プティトゥフィユ] **女性名詞**

(女の) 孫

**petit-fils** [p(ə)tifis プティフィス] **男性名詞**

(男の) 孫

**petits-enfants** [p(ə)tizɑ̃fɑ̃ プティザンファン] **男性名詞・複数**

孫たち

**pétrole** [petrɔl ペトゥロル] **男性名詞**

石油

Le prix du pétrole change souvent.
石油価格はよく変わる.

## **peu** [pø プ] **副詞**

① (un peu で肯定的に) 少し…する

Je suis un peu malade.
私は少し具合が悪い.

〈**un ～ de** + **名詞**〉少しの…

Vous voulez prendre un peu de fromage ?
チーズを少しいかがですか?

② (peu で否定的に) あまり…ない, しない

Je parle peu le japonais.
私は日本語がほとんど話せません.

〈**～ de** + **名詞**〉

Il a peu de patience.
彼はあまり忍耐力がない.

③ **à peu près** だいたい, 約

D'ici à Paris, il y a à peu près cent kilomètres.
ここからパリまで, 約100キロメートルある.

♪212

**peur** [pœr プる] 女性名詞

恐れ，心配

⟨avoir ~ de ＋名詞・不定詞⟩ …が怖い

Mon fils a peur des chiens. 私の息子は犬を怖がります.

**peut-être** [pøtɛtr プテトゥる] 副詞

たぶん，おそらく

Il arrive quand ？ ― Peut-être demain.
彼はいつ着くの？ ― たぶん明日です.

**pharmacie** [farmasi ファるマスィ] 女性名詞

薬局

Il y a une pharmacie près d'ici ？
この近くに薬局がありますか？

**pharmacien, pharmacienne**
[farmasjɛ̃, farmasjɛn ファるマスィアン, ファるマスィエヌ] 名詞

薬剤師

Sa femme est pharmacienne. 彼の妻は薬剤師です.

**photo** [fɔto フォト] 女性名詞

写真

Je peux prendre une photo ？
写真をとってもいいですか？

［ 注意：photographie の略 ］

**pianiste** [pjanist ピアニストゥ] 名詞

ピアニスト

C'est un pianiste célèbre. あの人は有名なピアニストだ.

**piano** [pjano ピアノ] 男性名詞

ピアノ

Elle joue du piano.
彼女はピアノを弾きます.

**pièce** [pjɛs ピエス] **女性名詞**

部屋，硬貨，1個

C'est un appartement de trois pièces.
それは3部屋のアパルトマンです.

**pied** [pje ピエ] **男性名詞**

（人や動物の）足，（家具などの）脚

J'ai mal aux pieds. 私は足が痛い.

**à pied** 歩いて，徒歩で

**pierre** [pjɛr ピエる] **女性名詞**

石

Cette maison est en pierre. この家は石造りだ.

**pis** [pi ピ] **副詞**

よりわるく（mal の比較級）

**Tant pis !** それは残念だ！ 仕方がない！

**反対語 ➡** mieux

**piscine** [pisin ピスィヌ] **女性名詞**

プール

On va à la piscine cet après-midi ?
今日の午後，プールに行かない？

**place** [plas プラス] **女性名詞**

① 広場

C'est la place de la Concorde.
これがコンコルド広場です.

② 座席

Cette place est libre ?
この席は空いていますか？

**plage** [plaʒ プラジュ] 女性名詞

浜辺, 海岸

Les enfants jouent sur la plage.
子どもたちは浜辺で遊んでいます.

**plaire** [plɛr プレる] 自動詞 活用43

(à…) …に気に入る

Comment trouvez-vous ce tableau ?
— Il me plaît beaucoup.
この絵をどう思いますか?
— とても気に入りました.

→ s'il vous plaît, s'il te plaît

**plaisir** [plezir プレズィる] 男性名詞

喜び, 楽しみ

Tu viens avec nous ?　　— **Avec plaisir !**
私たちと来る?　　　　　 — よろこんで!

**plan** [plɑ̃ プラン] 男性名詞

地図, 案内図, 計画

Vous avez un plan de Paris ?　パリの地図がありますか?

**plante** [plɑ̃t プラントゥ] 女性名詞

植物

C'est le jardin des plantes.　これは植物園です.

**plat** [pla プラ] 男性名詞

皿, 料理

Quel est le plat du jour ?　今日のお勧め料理は何ですか?

**plat, plate** [pla, plat プラ, プラトゥ] 形容詞

平らな

Donnez-moi une assiette plate.　平皿を1枚ください.

**plein, pleine** [plɛ̃, plɛn プラン, プレヌ] 形容詞

満ちた，満員の，（de…）…で一杯の

Ce restaurant est plein. このレストランは満員だ.

## pleurer [plœre プルれ] 自動詞 活用1

泣く

Pourquoi est-ce qu'il pleure ? 彼はなぜ泣いているの？

P

## pleuvoir [pløvwar プルヴワる] 非人称動詞 活用22

雨が降る

Quel temps fait-il à Paris ? — Il pleut.
パリの天気はどうですか？ — 雨が降っています.

## pluie [plɥi プリュイ] 女性名詞

雨

Au Japon il y a une saison des pluies avant l'été.
日本では夏の前に雨季（梅雨）があります.

## plus [ply(s) プリュ(ス)]

1) 否定の副詞

〈ne…plus〉もう…ない，…しない

Il n'y a plus de vin. もうワインがありません.

2) 比較の副詞

① 〈＋ 形容詞・副詞〉[優等比較級]

Je suis plus âgé que toi. 私はあなたより年上です.

② 〈定冠詞・所有形容詞 ＋ ～ ＋ 形容詞〉[優等最上級]

Elle est la plus grande de la classe.
彼女はクラスで一番背が高い.

③ 〈le ～＋ 副詞〉[優等最上級]

Elle se lève le plus tôt de la famille.
彼女は家族で一番早く起きる.

④ より多く [beaucoup の優等比較級]

Elle travaille plus que toi.
彼女は君よりたくさん勉強する.

⑤ 〈de + 名詞〉 より多い…, …以上の

J'habite ici depuis plus de vingt ans.
私はここに 20 年以上住んでいます.

⑥ 〈le plus〉一番多く [beaucoup の優等最上級]

Elle travaille le plus de la classe.
彼女はクラスで最もよく勉強する.

### non plus …も…でない

Je ne suis pas français.  — Moi, non plus.
私はフランス人ではありません.  — 私もちがいます.

### de plus この上, 更に

Qu'est-ce que tu veux de plus ?
君はこの上何がほしいのか?

### de plus en plus ますます, 次第に

Le vent est de plus en plus fort.
風がだんだん強くなっている.

## plusieurs [plyzjœr ブリュズィウる] [不定形容詞] ♪

何人もの, いくつもの

Je t'ai appelé plusieurs fois.  君に何回も電話をした.

## plutôt [plyto ブリュト] [副詞]

むしろ

On va au cinéma ?
— J'aimerais plutôt faire une promenade.
映画にいかない?
— それよりは散歩がしたいな.

**poche** [pɔʃ ポシュ] **女性名詞**

ポケット

J'ai mis mes lunettes dans la poche de ma veste.
私は眼鏡を上着のポケットに入れた.

livre de poche　文庫本

**poids** [pwa プワ] **男性名詞**

重さ, 体重

Quel est votre poids ?
あなたの体重はどのくらいですか?

**point** [pwɛ̃ プワン] **男性名詞**

点, ポイント

Nous sommes d'accord sur ce point.
私たちはその点には同意します.

**poire** [pwar プワる] **女性名詞**

(西洋) ナシ

Cette poire est bien mûre.　このナシはよく熟れている.

**poisson** [pwasɔ̃ プワソン] **男性名詞**

魚, 魚料理

Regarde ce grand poisson.　あの大きな魚を見てごらん.

**poitrine** [pwatrin プワトゥリヌ] **女性名詞**

胸

**poli, polie** [pɔli ポリ] **形容詞**

礼儀正しい

C'est un garçon très poli.
とても礼儀正しい少年です.

♪218

**police** [pɔlis ポリス] 女性名詞

警察

Elle a tout de suite appelé la police.
彼女はすぐに警察を呼んだ.

agent de police　警官

**politique** [pɔlitik ポリティク] 女性名詞・形容詞

政治, 政治の

**pomme** [pɔm ポム] 女性名詞

リンゴ

Donnez-moi un kilo de pommes, s'il vous plaît.
リンゴを 1 キロください.

**pomme de terre** [pɔmdətɛr ポムドゥテる] 女性名詞

ジャガイモ

［ 注意：複数形は pommes de terre ］

**pont** [pɔ̃ ポン] 男性名詞

橋

Aujourd'hui Paris compte 37 ponts au-dessus de la Seine.
今日, パリのセーヌ川には 37 の橋が架かっている.

**porc** [pɔr ポる] 男性名詞

豚, 豚肉

**port** [pɔr ポる] 男性名詞

港

Le bateau est entré dans le port.　船が港に入った.

**portable** → **téléphone**

## porte [pɔrt ポるトゥ] 女性名詞

扉, ドア, 門

Ouvrez la porte.
ドアを開けてください.

## porter [pɔrte ポるテ] 他動詞 活用1

運ぶ, 身につけている

Je porte la valise.
私がスーツケースを運ぼう.

Elle porte une belle robe bleue.
彼女はきれいな青いドレスを着ている.

### se porter 代名動詞

体調が…である

Mon père se porte bien. 私の父は元気です.

## poser [poze ポゼ] 他動詞 活用1

置く, 提出する

Je voudrais vous poser une question.
あなたに質問をしたいのですが.

## possible [pɔsibl ポスィブル] 形容詞

① 可能な, ありうる

Ce n'est pas possible.
それはありえません.

② 〈最上級表現 ＋〜〉できるだけ…

Je finis ce travail le plus tôt possible.
できるだけ早くこの仕事を片付けます.

## poste [pɔst ポストゥ] 女性名詞

郵便, 郵便局

Où est la poste, s'il vous plaît ?
郵便局はどこにありますか？

♪220

**poste** [pɔst ポストゥ] 【男性名詞】

地位, ポスト

Il a obtenu un poste important.
彼は重要なポストを手に入れた.

**poulet** [pulɛ プゥレ] 【男性名詞】

若鶏

Nous mangeons du poulet.
私たちはチキンを食べます.

**pour** [pur プゥる] 【前置詞】

① [目的・用途] …のために, …用の

On va au café pour prendre quelque chose.
カフェにいって何か飲みましょう.

② [目的地] …に向けて, …行の

Le train pour Paris est à quelle heure ?
パリ行きの列車は何時ですか?

③ [対象] …にとって, …への

Tenez, un cadeau pour vous.
どうぞ, あなたへのプレゼントです.

④ [予定・期間] …の間

Il sera à Londres pour une semaine.
彼は1週間の予定でロンドンに行きます.

**pourquoi** [purkwa プゥるクワ] 【疑問副詞】

なぜ, どうして

Pourquoi tu pleures ?
— Parce que j'ai mal aux dents.
なぜ泣いているの?
— 歯が痛いから.

**pourtant** [purtã プゥるタン] 副詞

しかし, それでも

Et pourtant elle [=la Terre] tourne.
それでも地球は回っている. (ガリレオの言葉)

[ 注意:しばしば et pourtant の形で用いられる. ]

**pousser** [puse プゥセ] 他動詞 活用1

押す

Pousse la porte pour entrer.　ドアは押して入って.

反対語 ➡ tirer

**pouvoir** [puvwar プゥヴワる] 他動詞 活用23

〈+ 不定詞 〉

① [ 可能 ] …できる

J'ai mal aux pieds, je ne peux pas marcher.
私は足が痛くて歩けない.

② [ 許可 ] …してよい

Est-ce que je peux sortir ?
退出してもよろしいでしょうか?

③ [ 依頼 ] …してくれませんか (疑問形で)

Pourriez-vous répéter encore une fois ?
もう1度言っていただけませんか?

**pratique** [pratik プらティク] 形容詞

実用的な, 便利な

Le métro est très pratique pour y aller.
そこへ行くには地下鉄がとても便利です.

**précis, précise** [presi, presiz プれスィ, プれスィズ] 形容詞

正確な

Donnez-moi la date précise de votre arrivée.
あなたの到着の正確な日付を教えてください.

## préférer [prefere プれフェれ] 他動詞 活用6

〈～ A à B〉B より A を好む

Je préfère le café au thé.　私は紅茶よりコーヒーがいい.

## premier, première

[prəmje, prəmjɛr プるミエ, プるミエる] 形容詞

最初の, 1 番目の

Vous prenez la première rue à gauche.
最初の通りを左に行きなさい.

C'est la première fois.
これが初めてです.

## premier (le) 男性名詞

（毎月の）ついたち（1 日）（ 略号 1er）

Nous sommes le premier mai.　5 月 1 日です.

## prendre [prɑ̃dr プらンドゥる] 他動詞 活用44

① 手に取る, 買う

Vous prenez cette robe ?
このドレスをお買いもとめですか？

② 食べる, 飲む, 注文する

Je prends un café au lait.
私はカフェオレにします.

③ 乗る

Nous prenons le métro.
私たちは地下鉄に乗ります.

④ （道を）とる, 進む

Quelle route prenez-vous ?
どのルートをとりますか？

⑤ （休暇・写真などを）とる

Tu prends des photos ?
君は写真をとりますか？

**prénom** [prenɔ̃ プれノン] **男性名詞**

名前, ファーストネーム

Quel est le prénom de Madame Pontier ?
ポンティエ夫人の名前はなんというのですか？

比較 ➡ nom

**préparer** [prepare プれパれ] **他動詞** **活用1**

① 準備をする

Je prépare mon examen.
私は試験の準備をしている.

② 調理する, 作る

Qui prépare le dîner ? 誰が夕食を作る？

**près** [prɛ プれ] **副詞**

近くに, 近くで

C'est tout près. それはすぐ近くです.

(**de**…) …の近くに

Ils habitent près de Marseille.
彼らはマルセイユの近くに住んでいます.

反対語 ➡ loin

**présent, présente** [prezɑ̃, prezɑ̃t プれザン, プれザントゥ] **形容詞**

出席している

Nous étions tous présents.
私たちは全員出席していた.

**présenter** [prezɑ̃te プれザンテ] **他動詞** **活用1**

紹介する

Je vous présente mon mari Jacques.
夫のジャックをご紹介します.

♪224

**président, présidente**
[prezidɑ̃, prezidɑ̃t プれズィダン, プれズィダントゥ] 名詞

大統領，社長，学長

le Président de la République française
フランス共和国大統領

**presque** [prɛsk プれスク] 副詞

ほとんど

Je me promène presque chaque matin.
私はほとんど毎朝散歩しています.

**pressé, pressée** [prese プれセ] 形容詞

急いでいる

Je suis pressé maintenant. 私はいま急いでいるんです.

**prêt, prête** [prɛ, prɛt プれ, プれトゥ] 形容詞

準備ができた

Le dîner est prêt. 夕食ができました.

**prêter** [prete プれテ] 他動詞 活用1

貸す

Tu peux me prêter ta voiture demain ?
明日，君の車を僕に貸してくれない？

比較 ➡ louer

**prier** [prije プリィエ] 他動詞 活用1

祈る，頼む

〈Je vous en prie. Je t'en prie.〉

① [勧め] どうぞ

Après vous, je vous en prie. どうぞお先に.

② [依頼] どうか

Fermez la porte, je vous prie.
どうかドアを閉めてください.

③ [返礼] どういたしまして

Merci beaucoup. — Je vous en prie.
ありがとうございます. — どういたしまして.

## printemps [prɛ̃tɑ̃ プランタン] 男性名詞 ♪

春

**au printemps** 春には

**privé, privée** [prive プリヴェ] 形容詞

個人の

Elle ne parle pas de sa vie privée.
彼女は私生活については話しません.

## prix [pri プリ] 男性名詞

① 価格, 物価

Quel est le prix de cette robe ?
このドレスの値段はいくらですか?

② 賞

Il a eu le premier prix au concours de photo.
彼は写真コンクールで1等賞をとった.

## problème [prɔblɛm プロブレム] 男性名詞

問題

C'est un problème difficile. それは難しい問題です.

## prochain, prochaine
[prɔʃɛ̃, prɔʃɛn プロシャン, プロシェヌ] 形容詞

次の (現在を基点として)

Le prochain train est à quelle heure ?
次の列車は何時ですか?

**la semaine prochaine** 来週

**le mois prochain** 来月

**l'année prochaine** 来年

反対語 ➡ dernier

♪226

**proche** [prɔʃ プろシュ] 形容詞

（地理的，時間的に）近い

Quelle est la station de métro la plus proche ?
一番近い地下鉄の駅はどこですか？

**produire** [prɔdɥir プろデュイる] 他動詞 活用33

生産する

On produit du vin dans cette région.
この地域ではワインを製造している．

**professeur** [prɔfesœr プろフェスる] 男性名詞

教師，教授，先生

Voilà notre nouveau professeur de français.
あそこに私たちの新しいフランス語の先生がいる．

> 注意：一般には男女同形だが，女性の場合には professeure
> を用いることもある．

**profession** [prɔfesjɔ̃ プろフェスィオン] 女性名詞

職業

Quelle est sa profession ? 彼（彼女）の職業は何ですか？

**profiter** [prɔfite プろフィテ] 他動詞 活用1

(de…) …を活用する，利用する

Je profiterai de mes vacances pour visiter Rome.
私はバカンスを利用してローマを訪ねよう．

**profond, profonde** [prɔfɔ̃, prɔfɔ̃d プろフォン, プろフォンドゥ] 形容詞

深い

La mer est profonde ici.
ここでは海は深い．

**programme** [prɔgram プログラム] 〔男性名詞〕

プログラム，番組表，カリキュラム

Comme un des musiciens était malade,
le programme du concert a été changé.
演奏者の一人が病気になったので，コンサートのプログラムは
変更された.

**progrès** [prɔgrɛ プログれ] 〔男性名詞〕

進歩

Tu as fait des progrès en français !
君はフランス語が上達したね！

**projet** [prɔʒɛ プロジェ] 〔男性名詞〕

計画，プロジェクト

Qu'est-ce que tu penses de ce projet ?
この計画について君はどう思う？

**promenade** [prɔm(ə)nad プろムナドゥ] 〔女性名詞〕

散歩，散歩道

Si on allait faire une promenade en voiture ?
ドライブに行きませんか？

**promener** [prɔm(ə)ne プろムネ] 〔他動詞〕 〔活用4〕

散歩させる

Il promène son chien tous les soirs.
彼は毎晩犬を散歩させています.

**se promener** 〔代名動詞〕

散歩する

Nous nous promenons avec notre chien.
私たちは犬をつれて散歩します.

♪228

**promesse** [prɔmɛs プロメス] 【女性名詞】

約束

J'ai fait une promesse à mes parents.
私は両親に約束をした.

**promettre** [prɔmɛtr プロメトゥる] 【他動詞】 【活用41】

約束する

Je te le promets. 君にそれを約束するよ.

**propre** [prɔpr プロプる] 【形容詞】

① 清潔な

La chambre était très propre.
その部屋はとてもきれいでした.

② (名詞の前で) …自身の

J'ai vu l'accident de mes propres yeux.
私はその事故を自分の目で見たのです.

**province** [prɔvɛ̃s プロヴァンス] 【女性名詞】

地方, 田舎

Mes parents vivent en province.
両親は地方で暮らしています.

**public, publique** [pyblik ピュブリク] 【形容詞】

公共の

C'est un jardin public. これは公園です.

**puis** [pɥi ピュイ] 【副詞】

それから, 次に

Je vais acheter du pain, puis de la viande.
私はパンを買い, それから肉を買います.

Il pleut, **et puis** il fait froid. 雨だ, その上寒い.

**pull** [pyl ビュル] 男性名詞

セーター

Aujourd'hui, elle porte un pull jaune.
今日，彼女は黄色のセーターを着ている．

[ **注意**：pull-over [pylɔvɛr ビュルオヴェる] の省略形 ]

**pur, pure** [pyr ピュる] 形容詞

澄んだ，純粋な

L'air est pur dans les montagnes.
山の中では空気が澄んでいる．

P

## 職業

**profession** 女 職業

**infirmier** 男
**infirmière** 女
看護師

**médecin** 男
医師

**dentiste** 男・女
歯科医

**pianiste** 男・女
ピアニスト

**chanteur** 男
**chanteuse** 女
歌手

**pharmacien** 男
**pharmacienne** 女
薬剤師

**professeur** 男
教師・教授

**agent de police** 男
警官

# Q

**qu' → que**

**quai** [ke ケ] [男性名詞] ♪

① プラットフォーム

J'attendais le train sur le quai.
私はプラットフォームで列車を待っていました.

② 川岸

J'aime marcher sur les quais de la Seine.
私はセーヌの川岸を歩くのが好きだ.

**quand** [kɑ̃ カン]

1) [疑問副詞]

いつ

| Tu pars quand ? | — Lundi prochain. |
|---|---|
| 君はいつ出発するの？ | — 今度の月曜日だよ. |

2) [接続詞]

…時に

Je regardais la télé quand elle est venue.
彼女が来た時, 私はテレビを見ていました.

**quand même** それでも

⌈ 注意：語末の文字 d はリエゾンする場合は [t] と発音される. ⌉

**quarante** [karɑ̃t カらントゥ] [数詞]

40

**quart** [kar カる] [男性名詞]

4 分の 1, [時刻・時間] 15 分

Il est six heures et quart. 6 時 15 分です.

moins le quart 15 分前

♪232

**quartier** [kartje カるティエ] **[男性名詞]**

地区，街区

Je suis né dans ce quartier.　私はこの地区で生まれました.

## quatorze [katɔrz カトるズ] [数詞]

14

le Quatorze Juillet　（7月14日の）フランス革命記念日

## quatre [katr カトゥる] [数詞]

4

Il y a quatre saisons au Japon.　日本には四季があります.

**quatre-vingt-dix** [katrəvɛ̃dis カトゥるヴァンディス] **[数詞]**

90

**quatre-vingts** [katrəvɛ̃ カトゥるヴァン] **[数詞]**

80

## quatrième [katrijɛm カトゥりイエム] [序数詞]

4番目の，4回目の

## que [kə ク] (母音の前でqu')

1) [疑問代名詞]

① [もの・直接目的語] 何を

Que fais-tu cet après-midi ?
今日の午後君は何をしますか?

```
注意：口語では Qu'est-ce que が用いられる.
 → qu'est-ce que
```

② [もの・属詞] 何

Qu'est-ce ?　これは何ですか?

```
注意：口語では Qu'est-ce que が用いられる.
 → qu'est-ce que
```

2) [関係代名詞] [直接目的語を示す]

Voici le gâteau que j'ai préparé pour toi.
これは私があなたのために作ったケーキです.

3) 接続詞

① [名詞節をみちびく] …ことを

Tu sais que Marie est au Japon ?
マリーが日本にいることを君は知っているの？

② [比較級で] …に比べて，…よりも

Elle est plus grande que sa mère.
彼女はお母さんより背が高い．

③ 〈ne…que〉 しか…しない

Je n'ai que cinq euros. 私は5ユーロしか持っていない．

④ 〈C'est ＋ 強調部分 ＋ que…〉[主語以外の強調構文]

C'est cette robe que j'ai achetée à Paris.
私がパリで買ったのはこのドレスです．

比較 ➡ qui 強調構文

4) 副詞 [感嘆を表わす] なんて

Qu'il fait beau ! なんていい天気でしょう．

## quel, quelle [kɛl ケル] ♪

1) 疑問形容詞

どんな

Tu as quel âge ? — J'ai vingt ans.
君は何才ですか？ — 20才です．

Il est quelle heure ? — Il est midi.
何時ですか？ — 正午です．

2) 感嘆に用いて

なんという

Quelle belle fleur ! なんてきれいな花なんでしょう！

## quelque [kɛlk(ə) ケルク] 不定形容詞

何らかの，（複数で）いくつかの

Il est malade depuis quelques jours.
彼は数日前から病気です．

## quelque chose [kɛlkəʃoz ケルクショズ] 不定代名詞

なにか，あるもの

Tu veux boire quelque chose ?
何か飲みたい？

〈de + 形容詞男性単数形〉 何か…なもの

Je voudrais manger quelque chose de bon.
私は何かおいしいものが食べたい．

〈à + 不定詞〉 何か…するもの

Tu as quelque chose à manger ?
何か食べるものがあるかい？

## quelquefois [kɛlkəfwa ケルクフワ] 副詞

時には

Nous allons quelquefois à Versailles.
私たちは時おりヴェルサイユにいきます．

## quelqu'un [kɛlkœ̃ ケルカン] 不定代名詞

誰か

Vous attendez quelqu'un ? 誰かをお待ちですか？

## qu'est-ce que [kɛsk(ə) ケスク]
（母音の前でqu'est-ce qu'） 疑問代名詞

① [もの・直接目的語] 何を

Qu'est-ce que vous faites ? 何をしているのですか？

② [もの・属詞] 何

Qu'est-ce que c'est ?　　— C'est une église.
あれは何ですか？　　　　— あれは教会です．

比較 ➡ que 疑問代名詞

## qu'est-ce qui [kɛski ケスキ] 疑問代名詞

[もの・主語] 何が

Qu'est-ce qui s'est passé ? 何が起きたのですか？

## question [kɛstjɔ̃ ケスティオン] 女性名詞

質問，問題

Vous avez des questions ?　質問がありますか？

## queue [kø ク] 女性名詞

（動物の）尾，最後尾，行列

Faites la queue comme tout le monde.
みんなと同じように並んでください．

## qui [ki キ]

**Q**

1) 疑問代名詞

① [人・主語] 誰が

Qui court le plus vite ?　一番走るのが速いのは誰ですか？
→ qui est-ce qui

② [人・直接目的語] 誰を

Qui cherchez-vous ?
あなたは誰を探しているのですか？　→ qui est-ce que

③ [人・属詞] 誰

C'est qui, cette jeune fille ?　あの娘さんは誰ですか？

2) 関係代名詞

① [主語を示す]

Tu connais le monsieur qui parle avec Marie ?
マリーと話している男性を君は知っている？

Il y a des hôtels qui acceptent les animaux.
動物を受け入れるホテルがあります．

② 〈C'est + 主語 + qui…〉[主語の強調構文]

C'est moi qui ai choisi ce restaurant.
このレストランを選んだのは私です．

[ 注意：主語人称代名詞は強勢形になる． ]

比較 ➡ que [主語以外の強調構文]

## qui est-ce que [kiɛsk(ə) キエスク]

（母音の前で qui est-ce qu'）[疑問代名詞]

[人・直接目的語] 誰を

Qui est-ce que vous cherchez ?
あなたは誰をお探しですか？（= Qui cherchez-vous ?）

## qui est-ce qui [kiɛski キエスキ] [疑問代名詞]

[人・主語] 誰が（= qui）

Qui est-ce qui a dit cela ? 誰がそれを言ったのですか？

## quinze [kɛ̃z カンズ] [数詞]

15

Je reviens dans quinze jours. 私は2週間後に戻ります.

## quinzième [kɛ̃zjɛm カンズィエム] [序数詞]

15番目の，15回目の

## quitter [kite キテ] [他動詞] [活用1]

去る，別れる，捨てる

Le bateau a quitté le port. 船は港を出た.

## quoi [kwa クワ]

1) [疑問代名詞] 何

Tu écris avec quoi ? 君は何を使って書く？

2) [間投詞] 何だって！（驚き，意外など）

Nicolas a eu un accident.
— Quoi ! Ça s'est passé où ?
ニコラが事故にあったよ.
— 何だって！ いったいどこで？

## quotidien, quotidienne

[kɔtidjɛ̃, kɔtidjɛn コティディアン, コティディエヌ] [形容詞]

毎日の，日常の

C'est mon travail quotidien. これは私の毎日の仕事です.

## 季節・暦

**【四季】** Les 4 saisons 女

春 le printemps 男　夏 l'été 男
秋 l'automne 男　　冬 l'hiver 男

**【暦月】** les 12 mois 男

| 1 月 | janvier 男 | 7 月 | juillet 男 |
| 2 月 | février 男 | 8 月 | août(aout) 男 |
| 3 月 | mars 男 | 9 月 | septembre 男 |
| 4 月 | avril 男 | 10 月 | octobre 男 |
| 5 月 | mai 男 | 11 月 | novembre 男 |
| 6 月 | juin 男 | 12 月 | décembre 男 |

**【曜日】** les 7 jours 男 de la semaine 女

| 月曜日 | lundi 男 | 火曜日 | mardi 男 |
| 水曜日 | mercredi 男 | 木曜日 | jeudi 男 |
| 金曜日 | vendredi 男 | 土曜日 | samedi 男 |
| 日曜日 | dimanche 男 | | |

**【その他】**

| 今日 | aujourd'hui 副詞 |
| きのう | hier 副詞 |
| 一昨日 | avant-hier 副詞 |
| 明日 | demain 副詞 |
| 明後日 | après-demain 副詞 |
| 朝（午前中） | matin 男 |
| 正午 | midi 男 |
| 午後 | après-midi 男 |
| 夕方 | soir 男 |
| 夜 | nuit 女 |
| 午前零時 | minuit 男 |

季節・暦

## R

**raconter** [rakɔ̃te らコンテ] [他動詞] [活用1]

語る，話す

Ma mère m'a raconté cette histoire.
母が私にその話をしてくれました．

**radio** [radjo らディオ] [女性名詞]

ラジオ

Elle écoute la radio.  彼女はラジオを聴いている．

**raisin** [rεzɛ̃ れザン] [男性名詞]

ブドウ

On fait du bon vin avec ce raisin.
このブドウからよいワインができる．

**raison** [rεzɔ̃ れゾン] [女性名詞]

理性，理由

**avoir 〜**  正しい，もっともだ
Vous avez raison.  あなたのおっしゃるとおりです．

反対語 ➡ avoir tort

**ranger** [rɑ̃ʒe らンジェ] [他動詞] [活用3]

並べる，整理する

Tu dois ranger ta chambre.
自分の部屋を片付けなくてはいけないよ．

**rapide** [rapid らピドゥ] [形容詞]

速い，（進行の）早い，迅速な

Quel est le train le plus rapide ?
どの列車が一番早く着きますか？

反対語 ➡ lent

**rapidement** [rapidmã らピドゥマン] 副詞

急いで，すぐに

Il a mangé très rapidement.
彼はとても急いで食事をすませた.

**rappeler** [rap(ə)le らプレ] 他動詞 活用5

再び呼ぶ，電話をかけなおす，思い出させる

Tu peux me rappeler ce soir ?
今晩電話をかけなおしてくれない？

**se rappeler** 代名動詞

思い出す，覚えている

Tu te rappelles Jacques Dupont ?
ジャック・デュポンを覚えている？

**R**

**rare** [rar らる] 形容詞

まれな

C'est une plante très rare. これはとても珍しい植物です.

**rarement** [rarmã らるマン] 副詞

めったに…ない，しない

Il rit rarement. 彼はめったに笑わない.

**rater** [rate らテ] 他動詞 活用1

乗り遅れる，失敗する

J'ai raté mon train. 私は列車に乗り遅れた.

**ravi, ravie** [ravi らヴィ] 形容詞

(de…)…でとてもうれしい

Je suis ravi de vous connaître.
あなたと知り合いになれてとてもうれしい.

**rayon** [rεjɔ̃ れィオン] 男性名詞

売り場

Où est le rayon des chaussures ?
靴の売り場はどこですか？

## recevoir [r(ə)səvwar るスヴワる] 他動詞 活用24

受け取る，迎える

Je viens de recevoir ta lettre.
私は君の手紙を受け取ったところです.

## recommander [r(ə)kɔmɑ̃de るコマンデ] 他動詞 活用1

推薦する

Je vous recommande cette cravate.
私はあなたにこのネクタイをおすすめします.

## reconnaître (reconnaitre) [r(ə)kɔnɛtr るコネトゥる] 他動詞 活用34

それとわかる

Tu ne la reconnais pas ? C'est ma sœur Marianne.
彼女が誰か分からないの？ 姉(妹)のマリアンヌだよ.

## réfléchir [refleʃir れフレシる] 他動詞 活用13

よく考える

Tu as bien réfléchi ? よく考えてみた？

## réfrigérateur [refriʒeratœr れフリジェらトゥる] 男性名詞

冷蔵庫

Tu as mis le lait dans le réfrigérateur ?
牛乳を冷蔵庫に入れた？

## refuser [r(ə)fyze るフュゼ] 他動詞 活用1

拒否する

Ils ont refusé ce projet. 彼らはその計画を拒否した.

## regard [r(ə)gar るガる] 男性名詞

視線，まなざし

Elle avait un regard inquiet.
彼女は不安そうな目をしていた.

## regarder [r(ə)garde るガるデ] 他動詞 活用1

見る，見つめる

Elle regarde la télévision.　彼女はテレビを見ている.

比較 ➡ voir

## région [reʒjɔ̃ れジオン] 女性名詞

地方

Il neige beaucoup dans cette région.
その地方では雪がたくさん降ります.

## regretter [r(ə)grete るグれテ] 他動詞 活用1

後悔する，残念に思う

Tu le regretteras.　君はそれを後悔するだろう.

Je regrette, (mais)...
残念ですが…（相手の希望にそえない時の表現）

## régulièrement [regyljɛrmɑ̃ れギュリエるマン] 副詞

規則的に

Elle dort régulièrement après le déjeuner.
彼女は昼食後にきまって眠ります.

## rein [rɛ̃ らン] 男性名詞

（複数で）腰

Ma mère a mal aux reins.　母は腰が痛い.

## relation [r(ə)lasjɔ̃ るラスィオン] 女性名詞

関係

J'ai de très bonnes relations avec lui.
私は彼ととてもよい関係にある.

## relever [r(ə)ləve, rəl(ə)ve るルヴェ] 他動詞 活用4

（再び）起こす，上げる

Il a relevé la tête.　彼は顔を上げた.

♪242

**religion** [r(ə)liʒjɔ̃ るリジョン] 女性名詞
宗教

**remarquer** [r(ə)marke るマるケ] 他動詞 活用1
注目する，指摘する
J'ai remarqué Monsieur Dupré.
私はデュプレ氏に気がついた.

**remercier** [r(ə)mɛrsje るメるスィエ] 他動詞 活用1
感謝する
Je vous remercie pour votre invitation.
ご招待ありがとうございます.

**remettre** [r(ə)mɛtr るメトゥる] 他動詞 活用41
戻す
Remets cette chaise dans la cuisine.
この椅子をキッチンに戻して.

**remplacer** [rɑ̃plase らンプラセ] 他動詞 活用2
とり替える
Il remplace sa voiture tous les ans.
彼は毎年車をとり替えている.

**remplir** [rɑ̃plir らンプリる] 他動詞 活用13
満たす，記入する
Remplissez ce papier, s'il vous plaît.
この書類に書き込んでください.

**rencontre** [rɑ̃kɔ̃tr らンコントゥる] 女性名詞
出会い，会談，試合
La première rencontre aura lieu lundi prochain.
第1試合は来週月曜に行われる.

**rencontrer** [rãkɔ̃tre ランコントゥれ] [他動詞] [活用1]

出会う

J'ai rencontré Pierre à Londres.
私はピエールにロンドンで出会った.

**se rencontrer** [代名動詞]

出会う，知り合う

J'avais vingt ans quand nous nous sommes
rencontrés. 私たちが出会ったとき，私は20才だった.

**rendez-vous** [rãdevu らんデヴゥ] [男性名詞]

待ち合わせ，約束

Aujourd'hui, j'ai rendez-vous avec mon professeur.
今日私は先生と面会の約束がある.

**R**

**rendre** [rãdr らンドゥる] [他動詞] [活用30]

返す

Je te rends ce livre. この本を君に返すよ.

**se rendre** [代名動詞]

(à…)…へ行く

Je dois absolument me rendre à Paris.
私はどうしてもパリに行かなければいけないのです.

**renseignement** [rãsɛɲmã らンセニュマン] [男性名詞]

情報

Vous avez des renseignements sur cela ?
それについて情報をお持ちですか？

**rentrer** [rãtre らんトゥれ] [自動詞] [活用1] (助動詞はêtre)

帰宅する，戻る

Elle rentre à huit heures. 彼女は8時に帰宅します.

**réparer** [repare れパれ] [他動詞] [活用1]

修理する

Il faut réparer les fenêtres. 窓を修理しなければなりません.

**repartir** [r(ə)partir るパるティる] [自動詞] [活用15] (助動詞はêtre)

再び出発する，戻る

Le train repart dans cinq minutes.
列車は5分後に出ます.

## repas [r(ə)pɑ るパ] [男性名詞]

食事

Tu prépares toujours le repas ?
いつも君が食事を作るの？

**répéter** [repete れペテ] [他動詞] [活用6]

繰返す

Pourriez-vous répéter encore une fois ?
もう1度繰返していただけますか？

## répondre [repɔ̃dr れポンドゥる] [自動詞] [活用30]

(à…)…に答える，返事をだす

Réponds tout de suite à ma lettre.
私の手紙にすぐに返事をください.

**réponse** [repɔ̃s れポンス] [女性名詞]

答，返事

Je lui ai écrit plusieurs fois, mais pas de réponse.
彼（彼女）に何回か手紙を書いたが，返事がない.

**repos** [r(ə)po るポ] [男性名詞]

休息

Tu es fatigué, tu as besoin de repos.
君は疲れている，休息が必要だ.

## reposer (se) [r(ə)poze るポゼ] [代名動詞] [活用1]

休息する

Je vais à la campagne pour me reposer.
私は休息するために田舎に行きます.

**reprendre** [r(ə)prãdr るプランドゥる] [他動詞] [活用44]

再び取る，取り戻す，再開する

Reprenez votre place. 席にお戻りください.

**république** [repyblik れピュブリク] [女性名詞]

共和国，共和制

La France est une république. フランスは共和制である.

**réservation** [rezεrvasjɔ̃ れぜるヴァスィオン] [女性名詞]

予約

La réservation est possible ? 予約は可能ですか?

**réserver** [rezεrve れぜるヴェ] [他動詞] [活用1]

予約する

Je voudrais réserver une chambre à deux lits.
ツインルームを1室予約したいのですが.

**respecter** [rεspεkte れスペクテ] [他動詞] [活用1]

尊敬する，尊重する

Monsieur Dinet est respecté de tout le monde.
ディネ氏は誰からも尊敬されている.

**responsable** [rεspɔ̃sabl れスポンサブル] [形容詞・名詞]

責任のある；責任者

Qui est le responsable ? 責任者は誰ですか?

**ressembler** [r(ə)sãble るサンブレ] [自動詞] [活用1]

(à…)…に似ている

Marianne ressemble beaucoup à sa mère.
マリアンヌはお母さんにそっくりだ.

**restaurant** [rεstɔrã れストラン] [男性名詞]

レストラン

Tout est bon dans ce restaurant.
このレストランでは何でも美味しい.

♪246

**reste** [rɛst れストゥ] 男性名詞

残り，残金

Il y a le reste du gâteau sur la table.
テーブルの上にケーキの残りがあるよ.

**rester** [reste れステ] 自動詞 活用1 （助動詞はêtre）

（ある場所に）残る，（ある状態に）とどまる

Cet été, je reste à Paris.　今年の夏はパリに残ります.

**résultat** [rezylta れズュルタ] 男性名詞

結果，成績

J'ai eu de bons résultats à l'examen.
私は試験でいい成績をとった.

**retard** [rə)tar るタる] 男性名詞

遅れ

**en retard**　遅れて，遅刻して

Excusez-moi d'être en retard.　遅れて申し訳ありません.

**retirer** [rə)tire るティれ] 他動詞 活用1

引出す

Vous pouvez retirer de l'argent à l'aéroport.
あなたは空港でお金を引出すことができます.

**retour** [rə)tur るトゥる] 男性名詞

帰り，帰りの切符

Je vous appellerai à mon retour.
帰ったらあなたに電話します.

Un aller-retour pour Lyon, s'il vous plaît.
リヨンまで往復切符を1枚ください.

**retourner** [r(ə)turne るトゥるネ] [自動詞] [活用1] (助動詞はêtre)

戻る

Tu retournes à Bordeaux de temps en temps ?
君は時々はボルドーに帰るの？

**retraite** [r(ə)trɛt るトゥれトゥ] [女性名詞]

引退，退職

Elle a pris sa retraite l'année dernière.
彼女は去年退職しました.

**retrouver** [r(ə)truve るトゥるゥヴェ] [他動詞] [活用1]

（なくしたものを）見つける

J'ai retrouvé mon vélo.　私は自転車を見つけた.

**se retrouver** [代名動詞]

再会する，落ち合う

Où est-ce qu'on se retrouve ?
どこで会いましょうか？

**réunion** [reynjɔ̃ れユニォン] [女性名詞]

会合，会議

La prochaine réunion aura lieu le 3 février.
次の会合は2月3日に開かれます.

**réussir** [reysir れユスィる] [自動詞] [活用13]

（à…）…に成功する，合格する

Tu as réussi à ton examen d'hier ?
君は昨日の試験に合格した？

**réussite** [reysit れユスィトゥ] [女性名詞]

成功，合格

Elle espère la réussite de sa fille.
彼女は娘の合格を願っている.

R

♪248

**rêve** [rɛv れヴ] 男性名詞

夢, 願望

J'ai fait un mauvais rêve. 私は悪い夢を見た.

**réveiller** [reveje れヴェィエ] 他動詞 活用1

目を覚まさせる, 起こす

Tu peux me réveiller à sept heures demain ?
明日7時に私を起こしてくれない?

比較 ➡ lever

**se réveiller** 代名動詞

目覚める, 起きる

Il se réveille tôt le matin. 彼は朝早く目覚める.

比較 ➡ se lever

**revenir** [r(ə)vənir, rəv(ə)nir るヴニる] 自動詞
活用14 (助動詞はêtre)

帰る, 戻る

Je reviens à dix heures.
私は10時に戻ります.

**rêver** [reve れヴェ] 自動詞・他動詞 活用1

夢を見る

J'ai rêvé de toi. 君の夢を見たよ.

**revoir** [r(ə)vwar るヴワる]

1) 他動詞 活用27

再会する

Quelle joie de vous revoir !
またお会いできてうれしいです!

2) 男性名詞

再会

**Au revoir !** さようなら!

**revue** [r(ə)vy るヴュ] 女性名詞

雑誌

Qu'est-ce que tu lis dans cette revue ?
その雑誌の何を読んでいるの？

**rez-de-chaussée** [red(ə)ʃose れドゥショセ] 男性名詞

1階

Mon appartement est au rez-de-chaussée.
私のアパルトマンは1階にあります．

比較 → étage

**riche** [riʃ りシュ] 形容詞

裕福な，豊富な

C'est un homme riche. あの人は金持ちだ．

反対語 → pauvre

**rien** [rjɛ̃ りァン] 不定代名詞

(ne とともに) 何も…ない，しない

Il n'y a rien sur la table. テーブルの上には何もない．

Je vous remercie.— **De rien.**
ありがとうございます． — どういたしまして．

**rire** [rir りる] 自動詞 活用45

笑う

Il rit souvent. 彼はよく笑う．

**rivière** [rivjɛr りヴィエる] 女性名詞

川

La maison est au bord de la rivière.
その家は川辺にあります．

**riz** [ri り] 男性名詞

米，米飯

Nous mangeons du riz au petit déjeuner.
私たちは朝食にご飯を食べます．

## robe [rɔb ろブ] 女性名詞

ドレス，ワンピース

Je voudrais acheter une robe d'été.
私はサマードレスを買いたいな．

## roi [rwa るワ] 男性名詞

国王

Le roi Louis XIV (quatorze) a construit le château de
Versailles.
国王ルイ14世はヴェルサイユ宮殿を建設した．

**R**

## rôle [rol ろル] 男性名詞

役，役割

C'est un rôle très important.
それはとても重要な役割なんです．

## roman [rɔmɑ̃ ろマン] 男性名詞

(長編) 小説

Je lis un roman de Flaubert.
私はフロベールの小説を読んでいる．

## rond, ronde [rɔ̃, rɔ̃d ろン, ろンドゥ] 形容詞

丸い

C'est une grande table ronde.
それは大きな丸いテーブルです．

## rose [roz ろズ]

1) 女性名詞

バラ

J'aime les roses rouges. 私は赤いバラが好きです．

2) 形容詞

ピンクの

C'est combien, ce sac rose ?
このピンクのバッグはいくらですか？

## rouge [ruʒ るゥジュ] 形容詞

赤い

Elle porte une robe rouge.
彼女は赤いドレスを着ています.

## rouler [rule るレ] 自動詞 活用1

(車が, 車で) 走る

Ne roulez pas trop vite ! スピードを出しすぎないで！

## route [rut るトゥ] 女性名詞

(町や村をつなぐ) 道路, コース

Nous sommes sur la bonne route.
私たちは正しい道を進んでいる.

route nationale 国道

R

## rue [ry りュ] 女性名詞

通り, … 街

Il y a beaucoup de monde dans la rue.
路上に人がたくさんいます.

Nous habitons 7, rue Montmartre.
私たちはモンマルトル通り7番地に住んでいます.

## russe [rys リュス] 形容詞

ロシアの, ロシア人の

## Russe 名詞

ロシア人

## russe 男性名詞

ロシア語

## Russie (la) [rysi リュスィ] 固有名詞・女性

ロシア

## 店舗

**magasin** 男 店舗

**café** 男
カフェ

**restaurant** 男
レストラン

**boulangerie** 女
パン屋

**boucherie** 女
肉屋

**librairie** 女
書店

**fleuriste** 男・女
花屋

**pharmacie** 女
薬局

**supermarché** 男
スーパーマーケット

**pâtisserie** 女
ケーキ屋

店舗

# S

**s'** → ① **se** ② **si**

**sa** → **son**

## sac [sak サク] 男性名詞 ♪

バッグ，袋

Je voudrais acheter ce sac rouge.
あの赤いバッグを買いたいな.

**sache, sachez, sachons** → **savoir**

## sage [saʒ サジュ] 形容詞

おとなしい，かしこい

Si tu es sage, je t'achèterai un livre.
いい子にしてたら，本を買ってあげるよ.

## saisir [sezir セズィる] 他動詞 活用13

つかむ，握る，捕まえる

Il m'a saisi par les épaules.　彼は私の肩をつかんだ.

## saison [sɛzɔ̃ セゾン] 女性名詞

季節，シーズン

Tu aimes quelle saison ?　君はどの季節が好き?

## salade [salad サラドゥ] 女性名詞

サラダ

Je prends une salade de saison.
私は季節のサラダをとります.

## salarié, salariée [salarje サラリエ] 名詞

給与所得者，サラリーマン

## sale [sal サル] 形容詞

汚い，汚れた

Tes mains sont sales.　君の手は汚れているよ.

♪254

**salle** [sal サル] [女性名詞]

（共用の）部屋，ホール

Sa salle de séjour est très grande.
彼（彼女）の家のリビングルームはとても広い.

salle de bain(s) 浴室

salle à manger 食堂

比較 ➡ chambre

**salon** [salɔ̃ サロン] [男性名詞]

客間

Le salon est à côté de la salle à manger.
客間は食堂のとなりです.

**saluer** [salɥe サリュエ] [他動詞] [活用1]

挨拶をする

Nous avons salué notre professeur.
私たちは先生に挨拶をした.

**salut** [saly サリュ] [間投詞]

やあ，じゃあまた（親しい人に会ったときや別れるとき）

Salut, Paul. やあ，ポール.

**samedi** [samdi サムディ] [男性名詞]

土曜日

Je sors samedi soir. 土曜の夜は私は外出します.

**sandwich** [sɑ̃dwitʃ サンドウィッチ] [男性名詞]

サンドイッチ

Un sandwich au jambon, s'il vous plaît.
ハムのサンドイッチをください.

**sang** [sɑ̃ サン] [男性名詞]

血

Le blessé perd du sang. けが人は出血している.

254 *deux cent cinquante-quatre*

**sans** [sɑ̃ サン] 前置詞

…なしに, …せずに

On va commencer sans lui. 彼なしに始めましょう.

**sans importance** 重要性のない

**santé** [sɑ̃te サンテ] 女性名詞

健康

À votre santé ! 御健康を祈念して！（乾杯の音頭）

**sauvage** [sovaʒ ソヴァジュ] 形容詞

野生の

C'est un animal sauvage. それは野生動物です.

**sauver** [sove ソヴェ] 他動詞 活用1

救う

Il faut sauver les animaux en danger.
危機に瀕している動物を救わなければならない.

**savoir** [savwar サヴワる] 他動詞 活用25

① 〈＋ 名詞〉知っている

Tu sais la nouvelle ?
そのニュースを知ってる？

② 〈＋ 不定詞〉…する技能をもっている

Il sait nager. 彼は泳げる.

③ 〈que ＋ 直説法〉…ことを知っている

Je sais qu'il est français.
私は彼がフランス人だということを知っている.

**savon** [savɔ̃ サヴォン] 男性名詞

せっけん

Lave-toi les mains avec du savon.
せっけんで手を洗いなさい.

♪256

## scène [sɛn セヌ] 女性名詞

舞台, 場面, 光景

La scène se passe à Rome.　場面はローマである.

## science [sjɑ̃s スィアンス] 女性名詞

科学

| sciences naturelles | 自然科学 |
| sciences sociales | 社会科学 |
| sciences humaines | 人文科学 |
| homme de science | 科学者 |

## se [s(ə) ズ] (母音の前でs') 再帰代名詞

彼 (彼女) 自身を, 彼 (彼女) 自身に, 彼 (彼女) ら自身を, 彼 (彼女) ら自身に (代名動詞の3人称に用いる.)

Elle se lève à sept heures et demie.
彼女は7時半に起きます.

## sec, sèche [sɛk, sɛʃ セク, セシュ] 形容詞

乾燥した, 干した

L'été est très sec dans cette région.
その地方では夏はとても乾燥する.

## second, seconde [s(ə)gɔ̃, s(ə)gɔ̃d スゴン, スゴンドゥ] 形容詞

2番目の

Un aller pour Paris en seconde classe, s'il vous plaît.
パリまでの2等片道切符を1枚ください.

[ **注意**:特定の表現に限られ, 通常は deuxième が用いられる. ]

## seconde [s(ə)gɔ̃d スゴンドゥ] 女性名詞

秒

Attends une seconde, s'il te plaît.　ちょっと待っていて.

## secret, secrète [səkrɛ, səkrɛt スクれ, スクれトゥ] 形容詞

秘密の

Ils ont des informations secrètes.
彼らは秘密情報を持っている.

**secret** [səkrɛ スクれ] **男性名詞** ♪

秘密

C'est un secret entre nous.　これは私たちの間の秘密だよ.

## seize [sɛz セズ] **数詞**

16

**séjour** [seʒur セジュる] **男性名詞**

滞在, 滞在期間

Nous avons fait un long séjour à Paris.
私たちはパリに長い間滞在した.

**sel** [sɛl セル] **男性名詞**

塩

Tu peux me passer le sel ?　塩をとってくれない?

**selon** [s(ə)lɔ̃ スロン] **前置詞**

…によれば, …に応じて

Les prix ne sont pas les mêmes selon les magasins.
価格は店によって同じではない.

## semaine [s(ə)mɛn スメヌ] **女性名詞**

週, …週間

Je prends trois semaines de vacances.
私は 3 週間の休暇をとる.

**cette semaine** 今週

**la semaine dernière** 先週

**la semaine prochaine** 来週

**sembler** [sɑ̃ble サンブレ] **自動詞** **活用1**

…のように見える

♪258

Il ne semble pas malade.
彼は病気のようには見えない.

**sens** [sɑ̃s サンス] **男性名詞** ♪

意味

Cherchez dans le dictionnaire le sens de ce mot.
辞書でこの単語の意味を引きなさい.

**sentiment** [sɑ̃timɑ̃ サンティマン] **男性名詞**

感情

Nous avons eu un sentiment de colère.
私たちは怒りを感じた.

**sentir** [sɑ̃tir サンティる] **活用15**

1) **自動詞**

香る, 匂う

Cette fleur sent très bon.
この花はとてもいい匂いがする.

2) **他動詞**

感じる

J'ai senti le danger.  私は危険を感じた.

**se sentir** **代名動詞**

自分が…と感じる

Je ne me sens pas très bien.
私は気分があまりよくない.

**séparer** [separe セパれ] **他動詞** **活用1**

分ける, 引き離す

Séparez le blanc du jaune d'un œuf.
卵の白身を黄身と分けてください.

**se séparer** **代名動詞**

(de…)…と別れる

Elle s'est séparée de son mari.
彼女は夫と別れた.

**sept** [sɛt セトゥ] 数詞

7

**septembre** [sɛptɑ̃br セプタンブる] 男性名詞

9月

**septième** [sɛtjɛm セティエム] 序数詞

7番目の、7回目の

**sérieusement** [serjøzmɑ̃ せりウズマン] 副詞

真剣に，まじめに

Tu dois travailler sérieusement. 君はまじめに働くべきだ.

**sérieux, sérieuse** [serjø, serjøz せりゥ, せりゥズ] 形容詞

まじめな，勤勉な

C'est un étudiant sérieux. この学生はまじめです.

**S**

**serrer** [sere せれ] 他動詞 活用1

握る，締める

Il m'a serré la main. 彼は私に握手した.

**service** [sɛrvis せるヴィス] 男性名詞

奉仕，サービス料，（交通の）便

Je peux vous demander un service ?
1つお願いしてもいいですか？

**serviette** [sɛrvjɛt せるヴィエトゥ] 女性名詞

食卓用ナプキン，タオル

**servir** [sɛrvir せるヴィる] 他動詞 活用15

奉仕する，給仕する，役立つ

Qu'est-ce que je vous sers, madame ?
何をお持ちいたしましょうか？

*deux cent cinquante-neuf* 259

♪260

**se servir** 代名動詞

(de…) …を使用する

Je peux me servir de ton vélo ?
君の自転車を使ってもいい？

## ses → son

**seul, seule** [sœl スル] 形容詞

① 唯一の，ひとりだけの

Vous êtes seul ?
おひとりですか？

② ひとりで，単独で［同格の形容詞として］

Elle aime voyager seule.  彼女はひとり旅が好きです．

**seulement** [sœlmɑ̃ スルマン] 副詞

ただ…だけ

Ce n'est pas cher, seulement soixante euros.
それは高くはありません，たった60ユーロです．

**si** [ si スィ]

1) 副詞

① いいえ［否定疑問にたいして肯定で答える］

Tu n'aimes pas le vin ? — Si, j'aime bien ça.
ワインは嫌いですか？  — いいえ，大好きですよ．

② とても，それほど

Il est si gentil que tout le monde l'aime.
彼はとても親切だから，誰もが彼を好いている．

2) 接続詞 (il および ils の前でのみ s' となる.)

① もし…ならば［仮定・条件をみちびく］

S'il fait beau demain, j'irai à la mer.
もし明日天気がよければ，私は海に行こう．

② …かどうか [間接疑問をみちびく]

Je ne sais pas si elle vient.
彼女が来るかどうか私はわからない.

## siècle [sjɛkl スィエクル] 男性名詞 ♪

世紀

le vingtième siècle 20 世紀

> 注意：le XXᵉ siècle のようにローマ数字による序数詞をと
> もなうことが多い.

## sien (le), sienne (la) [sjɛ̃, sjɛn スィアン, スィエヌ] 所有代名詞

彼のもの，彼女のもの（定冠詞とともに用いる）

Mon père travaille avec le sien.
私の父は彼（彼女）の父と一緒に働いている.

**S**

## signe [siɲ スィニュ] 男性名詞

印，合図，記号

Il m'a fait signe d'entrer.
彼は私に入るようにと合図した.

## silence [silɑ̃s スィランス] 男性名詞

沈黙，静けさ

Un peu de silence, s'il vous plaît.
少し静かにしてください.

## s'il te plaît (s'il te plait) [siltəplɛ スィルトゥプレ]

（tu に対して）どうか，お願いします

Donne-moi de l'eau, s'il te plaît.　私に水をくれないか.

## s'il vous plaît (s'il vous plait) [silvuplɛ スィルヴゥプレ]

（vous 対して）どうか，お願いします

Donnez-moi un peu de vin, s'il vous plaît.
私にワインを少しください.

♪262

**simple** [sɛ̃pl サンプル] 形容詞

簡単な，単純な

Le problème n'est pas si simple.
問題はそれほど単純ではない.

**simplement** [sɛ̃pləmɑ̃ サンプルマン] 副詞

簡単に，単に

Je suis venu simplement te dire bonjour.
君に挨拶しに来ただけなんだ.

**situation** [sitɥasjɔ̃ スィテュアスィオン] 女性名詞

立場，状況，位置

Que penses-tu de la situation actuelle du cinéma français ?
フランス映画の現状について君はどう思いますか？

**six** [sis スィス] 数詞

6

Il est six heures du soir. 夕方の6時です.

> 注意：次に子音で始まる名詞がくると [si スィ] と発音され，母音
> で始まる名詞がくると [siz] となってリエゾンする.

**sixième** [sizjɛm スィズィエム] 序数詞

6番目の，6回目の

**ski** [ski スキ] 男性名詞

スキー

Nous faisons du ski. 私たちはスキーをします.

**smartphone** [smartfɔn スマるトゥフォヌ] 男性名詞

スマートフォン

**social, sociale** [sɔsjal ソスィアル] (男性複数 sociaux) 形容詞

社会の，社会的

Il y a des problèmes sociaux dans tous les pays.
どの国にも社会問題があります.

**société** [sɔsjete ソスィエテ] **女性名詞**

社会，会社

Mon père travaille dans une société française.
私の父はフランス企業で働いています．

**sœur** [sœr スる] **女性名詞**

姉妹，姉，妹

J'ai un frère mais je n'ai pas de sœur.
私には兄弟が1人いるが姉妹はいない．

反対語 ➡ frère

**soif** [swaf スワフ] **女性名詞**

のどの渇き

**avoir ～** のどが渇いている

J'ai très soif. 私はとてものどが渇いた．

**soigner** [swaɲe スワニエ] **他動詞** **活用1**

世話をする，治療する

On a soigné les blessés dans cet hôpital.
けが人たちはその病院で手当てを受けた．

**soin** [swɛ̃ スワン] **男性名詞**

配慮，世話，手当

Elle prend soin de son petit-fils.
彼女は孫の世話をしている．

**avec soin** ていねいに

**soir** [swar ソワる] **男性名詞**

夕方，夜

Tu sors ce soir ? 君は今晩でかける？

**soirée** [sware スワれ] **女性名詞**

晩（夕方から寝るまでの時間帯），夜の会合，夜の上演

Nous donnons une soirée demain.
私たちは明日の夜にパーティーをします．

反対語 ➡ matinée

♪264

**sois** → être

**soixante** [swasɑ̃t スワサントゥ] 数詞 ♪
60

**soixante-dix** [swasɑ̃tdis スワサントゥディス] 数詞
70

**soleil** [sɔlɛj ソレイユ] 男性名詞
太陽, 日光
Il y a du soleil. 日が照っている.

[ 注意:天文用語としては le Soleil と大文字で書く. ]

**solide** [sɔlid ソリドゥ] 形容詞
丈夫な, 固い
Les murs sont très solides.
壁は非常に堅固だ.

**sombre** [sɔ̃br ソンブる] 形容詞
暗い
La chambre était sombre. 部屋は暗かった.
反対語 ➡ clair

**somme** [sɔm ソム] 女性名詞
金額, 総額
La somme totale est de 200 euros.
総計で 200 ユーロになります.

**sommeil** [sɔmɛj ソメイユ] 男性名詞
眠り, 眠気
**avoir ~** 眠い
J'ai sommeil. 私は眠い.

## sommes → être

## son, sa, ses [sɔ̃, sa, se ソン, サ, セ] [所有形容詞] ♪

彼の, 彼女の

Son mari est en Angleterre.
彼女の夫はイギリスにいます.

Il est dans sa chambre.
彼は自分の部屋にいます.

> 注意: 母音で始まる女性名詞の前では son が用いられる.
> son école 彼 (彼女) の学校

## sonner [sɔne ソネ] [自動詞・他動詞] [活用1]

鳴る, 鳴らす

On sonne à la porte. 玄関のベルが鳴っている.

## sont → être

**S**

## sorte [sɔrt ソるトゥ] [女性名詞]

種類

On trouve toutes sortes de choses dans ce grand magasin.
このデパートには何でもあります.

〈 une ～ de + [名詞] 〉一種の…

## sortie [sɔrti ソるティ] [女性名詞]

出口

Où est la sortie ? 出口はどこですか?

反対語 ➡ entrée

## sortir [sɔrtir ソるティる] [活用15]

1) [自動詞] (助動詞は être)

出る, 外出する

Je sors avec Pierre ce soir.
私は今晩ピエールと出かけます.

♪266

2) 他動詞 (助動詞は avoir)

取り出す

Il a sorti la clé de sa poche.
彼はポケットからキーを取り出した.

**souffrir** [sufrir スゥフリる] 自動詞 活用18 ♪

苦しむ

Où souffrez-vous ? どこが痛いのですか?

**souhaiter** [swete スエテ] 他動詞 活用1

望む,願う

Je vous souhaite une bonne année.
新年おめでとうございます.

## soupe [sup スゥプ] 女性名詞

スープ

Nous mangeons de la soupe de poisson.
私たちは魚のスープを飲む.

**sourire** [surir スゥりる]

1) 自動詞 活用45

ほほえむ

Souriez, je prends la photo. 笑って,写真をとるから.

2) 男性名詞

ほほえみ

Elle m'a fait un sourire. 彼女は私にほほえんだ.

## sous [su スゥ] 前置詞

…の下に,下で

Nous déjeunons sous le grand arbre.
私たちはその大きな木の下で昼食をとる.

反対語 ➡ sur

**souvenir** [suv(ə)nir スゥヴニる] 男性名詞

思い出，土産

Je garde un bon souvenir de ce voyage.
私はその旅行のよい思い出を持っている.

**souvenir (se)** [suv(ə)nir スゥヴニる] 代名動詞 活用14

(de…)…を思い出す，覚えている

Tu te souviens de ma sœur Jacqueline ?
君は僕の姉（妹）のジャクリーヌを覚えている？

**souvent** [suvɑ̃ スゥヴァン] 副詞

しばしば，よく

On entend souvent cette musique.
この音楽はよく耳にする.

**soyez, soyons → être**

S

**spécial, spéciale** [spesjal スペスィアル] (男性複数 spéciaux) 形容詞

特別の

Tu fais quelque chose de spécial ce soir ?
君は今晩なにか特別なものを作るの？

**spectacle** [spɛktakl スペクタクル] 男性名詞

（演劇・オペラ・ダンスなどの）公演

Le spectacle commence à 19 heures.
その公演は19時開始です.

**sport** [spɔr スポる] 男性名詞

スポーツ

Quels sports faites-vous ?
あなたはどんなスポーツをしますか？

**station** [stasjɔ̃ スタスィオン] 女性名詞

地下鉄の駅

Où est la station la plus proche ?
一番近い地下鉄の駅はどこですか？

比較 ➡ gare

♪268

**stylo** [stilo スティロ] 男性名詞

万年筆，ボールペン

Prête-moi ton stylo, s'il te plaît.
君のペンを貸してくれないか.

**succès** [sykse スュクセ] 男性名詞

成功，好評

Ce film a eu un grand succès.  その映画は大ヒットした.

**sucre** [sykʀ スュクる] 男性名詞

砂糖

Tu ne mets pas de sucre dans ton café ?
君はコーヒーに砂糖を入れないの？

**sud** [syd スュドゥ] 男性名詞

南

**sud-est** 南東　　**sud-ouest** 南西

**suffire** [syfiʀ スュフィる] 自動詞 活用46

1) 足りる

Cet appartement est petit, mais il me suffit.
このアパルトマンは小さいが，私には十分です.

2) 非人称 〈Il suffit de + 不定詞・名詞 〉
…で十分である

Il suffit d'appuyer sur ce bouton.
このボタンを押すだけでいいのです.

## suis → être

**Suisse (la)** [sɥis スュイス] 固有名詞・女性

スイス

**suisse** 形容詞

スイスの，スイス人の

**Suisse** 名詞

スイス人

**suite** [sɥit スユイトゥ] 女性名詞

続き

**tout de suite** すぐに

Tu pars tout de suite ? 君はすぐに出発するの？

**suivant, suivante** [sɥivɑ̃, sɥivɑ̃t スユイヴァン, スユイヴァントゥ] 形容詞

次の

Elle a passé l'année suivante en Suisse.
彼女は翌年をスイスで過ごした．

［ **注意**：現在を基点とするときは prochain を用いる．］

**suivre** [sɥivr スユイヴる] 他動詞 活用47

後に続く，従う，出席する

Suivez-moi, s'il vous plaît. 私の後についてきてください．

**supermarché** [sypɛrmarʃe スュぺるまるシェ] 男性名詞

スーパーマーケット

Un nouveau supermarché vient d'ouvrir.
新しいスーパーが最近開店した．

**sur** [syr スュる] 前置詞

① [位置] …の上に

Le journal est sur la table.
新聞はテーブルの上にあります．

反対語 ➡ sous

② [方向] …のほうに，…に面した

L'hôtel est sur votre droite.
ホテルは右手にあります．

③ [主題] …について

Ils ne sont pas d'accord sur ce point.
彼らはその点については意見が一致していません．

## sûr, sûre (sure) [syr スュる] 形容詞 ♪

確信した，確かな，安全な

Tu es sûr de ton succès ?
君は自分の成功に自信があるのかい？

**bien sûr** もちろん

## surprise [syrpriz スュるプリズ] 女性名詞

驚き，思いがけないもの

Quelle bonne surprise ! 何てうれしい驚きでしょう！

## surtout [syrtu スュるトゥ] 副詞

とりわけ，特に

J'adore le cinéma, surtout les films français.
私は大の映画好きで，なかでもフランス映画が大好きです．

## sympathique [sɛ̃patik サンパティク] 形容詞

感じのよい，好ましい

Elle est belle et sympathique.
彼女は美人で感じがいい．

[ 注意：話し言葉では sympa と略すことがある． ]

## système [sistɛm スィステム] 男性名詞

システム，体系，制度

J'étudie le système politique du Japon.
私は日本の政治制度を研究しています．

## スポーツ

**sport** 男 スポーツ

**ski** 男
スキー

**patinage** 男 スケート

**tennis** 男
テニス

**cyclisme** 男
サイクリング

**jogging** 男
ジョギング

**football** 男
サッカー

**judo** 男
柔道

**natation** 女
水泳

スポーツ

# T

## -t-

[3人称単数の活用語尾が母音字で終わる動詞の倒置形で、音調をととのえるために動詞と主語人称代名詞 il, elle, on の間に挿入する文字]

Comment va-t-il à la gare ?
彼はどうやって駅へ行くのですか？

## t' → te

## ta → ton

## tabac [taba タバ] 男性名詞

タバコ，タバコ店

Le tabac est dangereux pour la santé.
タバコは健康にとって危険です．

## table [tabl タブル] 女性名詞

テーブル，食卓，席

Il n'y a rien sur la table.
テーブルの上には何もない．

Je voudrais réserver une table à 21 heures.
21時にテーブルを1つ予約したいのですが．

À table. 食卓にどうぞ．

## tableau [tablo タブロ] (複数 tableaux) 男性名詞

絵，板，表

Comment trouvez-vous ce tableau ?
あなたはこの絵をどう思いますか？

tableau noir 黒板

## taille [tɑj タユ] 女性名詞

身長，（洋服の）サイズ

Vous faites quelle taille ?
あなたの服のサイズはいくつですか？

**taire (se)** [tɛr テる] [代名動詞] [活用50]

黙る

Tais-toi ! 黙りなさい！

**tant** [tɑ̃ タン] [副詞]

とても，それほど

Ne pleure pas tant. そんなに泣かないで.

〈**de** + [名詞]〉 それほど多くの…

Pourquoi ce film a-t-il eu tant de succès ?
なぜこの映画がそんなに当たったのだろう？

**Tant mieux** → mieux

**Tant pis** → pis

**tante** [tɑ̃t タントゥ] [女性名詞]

叔母，伯母

Ma tante est très gentille avec moi.
おばさんは私にとてもやさしい.

**tard** [tar タる] [副詞]

遅く

C'est trop tard. もう遅すぎます.

**plus tard** 後で

[反対語 ➡] tôt

**tarif** [tarif タリフ] [男性名詞]

料金

plein tarif 普通料金
demi-tarif 半額料金
tarif étudiant 学生料金

**tarte** [tart タるト] [女性名詞]

タルト

On achète une tarte aux pommes.
リンゴのタルトを買いましょう.

♪274

**tasse** [tɑs タス] 女性名詞

カップ

Vous voulez une tasse de café ?
コーヒーを1杯いかがですか？

**taxi** [taksi タクスィ] 男性名詞

タクシー

Il vaut mieux prendre un taxi.
タクシーに乗る方がいいですよ．

**te** [tə トゥ] (母音の前で t')

1) 再帰代名詞

君 (あなた) 自身を，君 (あなた) 自身に (代名動詞の2人称単数形で用いる.)

Tu t'appelles comment ?
君の名前はなんというのですか？

> 注意：肯定命令形では -toi に変わる
> Lève-toi vite. 早く起きなさい．

2) 人称代名詞・直接目的語

君を，あなたを

J'irai te chercher à ton bureau.
会社へ君を迎えにいくよ．

3) 人称代名詞・間接目的語

君に，あなたに

Je te donne cette fleur. この花をあなたにあげる．

**tel, telle** [tɛl テル] 形容詞

このような，そのような

Je n'aime pas voir de tels films.
私はそんな映画は見たくない．

♪275

## télé → télévision

### téléphone [telefɔn テレフォヌ] 男性名詞 ♪

**電話, 電話機**

On vous appelle au téléphone. あなたにお電話です.

**numéro de téléphone** 電話番号

**téléphone portable** 携帯電話

### téléphoner [telefɔne テレフォネ] 自動詞 活用1

電話する

Elle téléphone à une amie.
彼女は友人に電話をしています.

### télévision [televizjɔ̃ テレヴィズィオン] 女性名詞

テレビ

Mes enfants regardent trop la télévision.
私の子どもたちはテレビの見すぎです.

[ 注意:話し言葉では télé と略すことがある. ]

### tellement [tɛlmɑ̃ テルマン] 副詞

それほど, とても

Tu es fatigué ?　— Non, **pas tellement**.
疲れた?　　　　— いいえ, それほどでも.

### tempête [tɑ̃pɛt タンペトゥ] 女性名詞

嵐

Il y aura une tempête de neige cette nuit.
今晩は吹雪になるでしょう.

### temps [tɑ̃ タン] 男性名詞

① 時間

Combien de temps restez-vous à Paris ?
あなた方はパリにどのくらい滞在するのですか?

*deux cent soixante-quinze* **275**

♪276

Il vient chez nous **de temps en temps.**
彼は**時どき**私たちの家に来る.

② 天気

Quel temps fait-il à Paris ? — Il pleut.
パリの天気はどう？　　　　　　— 雨が降っている.

**tendre** [tãdr タンドゥる] 形容詞 ♪

柔らかい, 優しい

Cette viande est très tendre.
この肉はとても柔らかい.

**tenir** [t(ə)nir トゥニーる] 他動詞 活用14

持つ, 保つ

Il tient un sac à la main.　彼は手にかばんを持っています.

**tennis** [tenis テニス] 男性名詞

テニス

Ils font du tennis après la classe.
彼らは放課後テニスをします.

**terminer** [tɛrmine テるミネ] 他動詞 活用1

終わらせる, 完了する

J'ai terminé mes devoirs.　私は宿題を済ませた.

**terrain** [terɛ̃ テらん] 男性名詞

土地, 地面, …場

Il y a un terrain de sport près d'ici ?
この近くに運動場がありますか？

**terre** [tɛr テる] 女性名詞

土地, 地球

Asseyons-nous par terre.
地面にすわりましょう.

la Terre　地球（大文字で）

**terrible** [teribl テリブル] 形容詞

恐ろしい, 不愉快な

C'était un terrible accident. それはひどい事故でした.

## tes → ton

**tête** [tɛt テトゥ] 女性名詞

頭, 顔

J'ai mal à la tête. 私は頭が痛い.

**TGV** [teʒeve テジェヴェ] 男性名詞

フランス新幹線

Je voudrais deux billets de TGV pour Lyon.
リヨンまでTGVの切符を2枚ください.

[ 注意：Train à Grande Vitesse の略語 ]

**thé** [te テ] 男性名詞

茶, 紅茶

Tu prends du thé ? お茶を飲む?

thé au lait ミルクティー

thé vert 緑茶

**théâtre** [teatr テアトゥる] 男性名詞

演劇, 劇場

Nous allons au théâtre ce soir.
私たちは今晩観劇に行きます.

**ticket** [tikɛ ティケ] 男性名詞

切符, チケット

Il faut acheter des tickets.
チケットを買わなければならない.

比較 ➡ billet

♪278

**tien (le), tienne (la)** [tjɛ̃, tjɛn ティアン, ティエヌ] 所有代名詞

君のもの，あなたのもの（定冠詞とともに用いる）

C'est mon parapluie, le tien est là.
これは私の傘だ，君のはそこだよ.

**tiens** [tjɛ̃ ティアン] 間投詞

おや，まあ（驚き・意外）

Tiens, bonjour Éric. やあ，こんにちはエリック.

**timbre** [tɛ̃br タンブる] 男性名詞

切手

Donnez-moi trois timbres à un euro, s'il vous plaît.
1ユーロ切手を3枚ください.

**timide** [timid ティミドゥ] 形容詞

内気な

Elle est très timide. 彼女はとても内気です.

**tirer** [tire ティれ] 他動詞 活用1

引く

Tirez la porte. ドアを引いてください.

反対語 ➡ pousser

**tissu** [tisy ティスュ] 男性名詞

布地，織物

J'achète deux mètres de ce tissu.
私はこの生地を2メートル買います.

**titre** [titr ティトゥる] 男性名詞

題名，肩書き

Quel est le titre de ce film ?
その映画のタイトルはなんというのですか？

## toi [twa トゥワ] 強勢形人称代名詞

### ① 君，あなた

C'est toi, Cécile ?　セシル，君かい？

### ② (代名動詞の肯定命令で te にかわって用いられる)

Assieds-toi, je t'en prie.　どうぞ座って.

## toilette [twalɛt トゥワレトゥ] 女性名詞

### ① 身支度，洗面，化粧

Ma femme fait sa toilette.　妻は身支度中です.

### ② (複数で) トイレ

Où sont les toilettes, s'il vous plaît ?
トイレはどこですか？

## toit [twa トゥワ] 男性名詞

屋根

## tomate [tɔmat トマトゥ] 女性名詞

トマト

Va acheter un kilo de tomates, s'il te plaît.
トマトを 1 キロ買って来て.

## tomber [tɔ̃be トンベ] 自動詞 活用1 (助動詞はêtre)

落ちる，転ぶ

La pluie tombe très fort.
雨が激しく降っている.

**tomber malade**　病気になる

## ton, ta, tes [tɔ̃, ta, te トン, タ, テ] 所有形容詞

君の，あなたの (親しい間柄で用いる)

Comment va ta mère ?
お母さんはお元気？

Tu passes tous tes week-ends à faire du foot.
君は週末いつもサッカーをして過ごしているんだね.

> 注意：母音で始まる女性名詞の前では ton が用いられる.
> ton école 君の学校

比較 ➡ votre, vos

**tonne** [tɔn トヌ] [女性名詞] ♪
トン (重量の単位)

**tort** [tɔr トる] [男性名詞]
まちがい
**avoir ~** まちがっている
Tu as tort. 君はまちがっているよ.
反対語 ➡ raison

**tôt** [to ト] [副詞]
早く
Pauline se lève tôt le matin. ポリーヌは朝早く起きます.
反対語 ➡ tard

**total, totale** [tɔtal トタル] (男性複数 totaux) [形容詞]
全体の
Le prix total est de 120 euros. 合計 120 ユーロです.

**toucher** [tuʃe トゥシェ] [他動詞・自動詞] [活用1]
触れる, (à…)…にさわる
Ne touche pas à ça ! それにさわらないで !

**toujours** [tuʒur トゥジュる] [副詞]
いつも, 常に, 依然として
Il y a toujours trop de monde !
あいかわらず人が多すぎるね !
Elle habite toujours ici ?
彼女は今もここに住んでいるんですか ?
**pas toujours** 必ずしも…でない, しない

Ce n'est pas toujours nécessaire.
それは必ずしも必要ではない.

## tour [tur トゥる] 女性名詞 ♪

タワー, 塔

J'aimerais monter à la tour Eiffel.
私はエッフェル塔に登りたいな.

## tour [tur トゥる] 男性名詞

回転, 周遊, ツアー, 順番

Il a fait un tour du monde. 彼は世界一周をした.
C'est mon tour. 私の番です.

## touriste [turist トゥリストゥ] 名詞

観光客

Il y a beaucoup de touristes en août.
8月は観光客が多い.

## tourner [turne トゥるネ] 他動詞・自動詞 活用1

曲げる, 曲がる

Tournez à gauche dans la deuxième rue.
2本目の通りを左に曲がりなさい.

## tout, toute, tous, toutes

[tu, tut, tu, tut トゥ, トゥトゥ, トゥ, トゥトゥ]

1) 不定形容詞 全ての

〈＋ 定冠詞／指示形容詞／所有形容詞など ＋ 名詞〉全ての…

Je déjeune **tous les jours** dans ce restaurant.
私は毎日このレストランで昼食を食べます.

  **toute la journée** 1日中

♪282

2) [不定代名詞] すべての人，すべてのもの

C'est tout.　以上です.
Bonjour à tous.　皆さん，こんにちは.
Nous sommes tous contents.
私たちはみんな満足だ.（人称代名詞の同格）

[ **注意**：tous は代名詞としては [tus トゥス] と発音される. ]

## tout [tu トゥ] ♪

1) [副詞] まったく，とても

Ma maison est tout près.　私の家はすぐ近くです.
**tout à fait**　全く
**tout de suite**　すぐに
**tout droit**　まっすぐに
**tout à l'heure**　さっき，もうすぐ
**À tout à l'heure.**　またのちほど.

2) [男性名詞] 全体

〈ne…pas du tout 〉
全然…しない，ちっとも…しない（否定の強調）
Je ne comprends pas du tout.　全然わかりません.

## tout le monde [tul(ə)mɔ̃d トゥルモンドゥ] [不定代名詞]

みんな，全員

Tout le monde aime ce vin.　みんなこのワインが好きだ.

[ **注意**：動詞は 3 人称単数形を用いる. ]

## train [trɛ̃ トゥラン] [男性名詞]

列車，汽車，電車

Ce train part à quelle heure ?
この列車は何時に発車しますか？

**tranquille** [trãkil トゥらンキル] 形容詞

静かな，安らかな

Elle habite dans un quartier tranquille.
彼女は閑静な地区に住んでいる.

**transport** [trãspɔr トゥらンスポる] 男性名詞

運送，輸送

Il y a un moyen de transport là-bas ?
そこには交通手段があるのですか？

**travail** [travaj トゥらヴァユ] (複数 travaux) 男性名詞

① 仕事，勉強

J'ai du travail cet après-midi.　今日の午後は仕事がある.

② (複数で) 工事

travaux publics　公共 (土木) 工事

**travailler** [travaje トゥらヴァイエ] 自動詞・他動詞 活用1

働く，勉強する

Cet étudiant travaille bien.
あの学生はよく勉強します.

**travailleur, travailleuse**
[travajœr, travajøz トゥらヴァイゆる, トゥらヴァイゆズ] 名詞

1) 名詞 労働者

Il y a beaucoup de travailleurs dans cette usine.
この工場ではたくさんの労働者が働いている.

2) 形容詞 勤勉な

C'est une élève travailleuse.
この生徒はよく勉強します.

♪284

**traverser** [traverse トゥらヴェるセ] 他動詞 活用1

渡る，横切る

Continuez et traversez le pont.
このまま進んで橋を渡りなさい.

**treize** [trɛz トゥれズ] 数詞

13

**trembler** [trãble トゥらンブレ] 自動詞 活用1

震える

Nous avons tremblé de froid.　私たちは寒さに震えた.

**trente** [trãt トゥらントゥ] 数詞

30

**très** [trɛ トゥれ] 副詞

非常に，とても

Il parle très bien français.
彼はフランス語をとても上手に話します.

**triste** [trist トゥリストゥ] 形容詞

悲しい

Je suis triste.　私は悲しい.

**trois** [trwɑ トゥるワ] 数詞

3

J'ai trois enfants.
私には子どもが3人います.

**troisième** [trwɑzjɛm トゥるワズィエム] 序数詞

3番目の

**tromper (se)** [trɔ̃pe トゥロンペ] 代名動詞 活用1

(de…)…を間違える

Nous nous sommes trompés de route.
私たちは道を間違えた.

## trop [tro トゥロ] 副詞

① あまりにも, …すぎる

Cette robe est trop grande pour moi.
このドレスは私には大きすぎる.

② 〈de + 名詞〉あまりにも多くの…

J'ai acheté trop de pain.
私はパンを買いすぎた.

**trottoir** [trɔtwar トゥロトゥワる] 男性名詞

歩道

Il se promène sur le trottoir avec son chien.
彼は犬を連れて歩道を散歩している.

## trouver [truve トゥるウヴェ] 他動詞 活用1

① 見つける

Il est difficile de trouver un bon hôtel.
よいホテルをみつけるのはむずかしい.

② …だと思う

Vous trouvez cette cravate comment ?
このネクタイをどう思いますか?

### se trouver 代名動詞

…にいる, ある

L'arrêt de bus se trouve devant la gare.
バス停は駅前にあります.

**tu** [ty テュ] 主語人称代名詞

君は，あなたは

Qu'est-ce que tu fais ? 何をしているの？

> 注意：家族，友人など親しい相手や子どもに対して用いる．
> それ以外の相手，とくに目上の人に対しては，相手が1人
> でも vous を用いる．

**tuer** [tɥe テュエ] 他動詞 活用1

殺す，死なせる

Deux personnes ont été tuées dans l'accident.
その事故で2名が犠牲になった．

**tunnel** [tynɛl テュネル] 男性名詞

トンネル

Le train passe dans le tunnel.
列車はトンネルを抜ける．

**type** [tip ティプ] 男性名詞

型，タイプ

C'est un hôtel d'un nouveau type.
それは新しいタイプのホテルです．

## 食事・食品

**【食事】** repas 男

朝食 petit déjeuner 男　　昼食　déjeuner 男
夕食 dîner 男　　　　　　おやつ goûter 男

**【食品】** aliment 男
パン pain 男　　　　　　バゲット baguette 女
サンドイッチ sandwich 男　クロワッサン croissant 男
米（ご飯）riz 男　　　　　肉 viande 女
牛肉 bœuf 男　　　　　　豚肉 porc 男
鶏肉 poulet 男　　　　　ハム jambon 男
卵 œuf 男　　　　　　　スープ soupe 女

**【調味料】** condiment 男
塩 sel 男　　　　　　　砂糖 sucre 男
オイル huile 女　　　　酢 vinaigre 男
胡椒 poivre 男

**【デザート】** dessert 男
お菓子 gâteau 男　　チョコレート chocolat 男
アイスクリーム glace 女

**【飲み物】** boisson 女
水（ミネラルウォーター）eau (minérale) 女
ワイン（赤，白，ロゼ）vin 男 (rouge, blanc, rosé)
コーヒー café 男　　　　　　ミルク lait 男
カフェオレ café au lait 男　　お茶 thé 男
ビール bière 女　　　　　　ココア chocolat 男
（フルーツ）ジュース jus 男 de fruit

**【食器など】** vaisselle 女
ビン bouteille 女　　　　グラス verre 男
カップ tasse 女　　　　　ナイフ couteau 男
フォーク fourchette 女　スプーン cuiller/cuillère 女

♪288

## U

### un, une [œ̃, yn アン, ユヌ]

1) [不定冠詞] ある，1つの，1人の

Ils habitent dans un petit village en France.
彼らはフランスのある小さな村に住んでいます．

> 注意： 1. 複数は des
> 2. 直接目的語の前に置かれた不定冠詞は，否定文では de にかわる．

2) [数詞] 1

Je vais à l'hôpital une fois par mois.
私は月に1度病院に通っている．

> 注意：序数詞は premier, première

### unique [ynik ユニク] [形容詞]

唯一の

Mon fils unique est au Japon.
私のひとり息子は日本にいます．

### université [yniversite ユニヴェるスィテ] [女性名詞]

大学

Il étudie l'anglais à l'université.
彼は大学で英語を学んでいる．

### usine [yzin ユズィヌ] [女性名詞]

工場

Il travaille dans une usine.
彼は工場で働いています．

### utile [ytil ユティル] [形容詞]

役に立つ

Ce livre m'est très utile. この本はとても私の役に立つ．

**utiliser** [ytilize ユティリゼ] [他動詞] [活用1]

使う，利用する

Tu peux utiliser mon smartphone.
ぼくのスマートフォンを使ってもいいよ.

U

♪290

## 単位

**unités** 女 単位

「1…」については，単位を表わす名詞の性によって
un と une を使い分ける。

### 【長さ】

| | |
|---|---|
| 1 メートル | un mètre (m) |
| 1 センチメートル | un centimètre (cm) |
| 1 キロメートル | un kilomètre (km) |

### 【重さ】

| | |
|---|---|
| 1 グラム | un gramme (g) |
| 1 キログラム | un kilogramme (kg) (通常 kilo と略す) |
| 1 トン | une tonne (t) |

### 【時間】

| | |
|---|---|
| 1 秒 | une seconde (s) |
| 1 分 | une minute (m / min / mn) |
| 1 時間 | une heure (h) |

### 【期間】

| | | | |
|---|---|---|---|
| 1 日 | un jour | 1 晩 | une nuit |
| 1 週 | une semaine | 1 月 | un mois |
| 1 世紀 | un siècle | | |

### 【容量】

| | |
|---|---|
| 1 リットル | un litre (l) |

### 【通貨】

| | |
|---|---|
| 1 ユーロ | un euro ( € ) |
| 1 円 | un yen (¥) |
| 1 ドル | un dollar ($) |

### 【温度】

| | |
|---|---|
| 1 度 | un degré (°) |

# V

## va, vais, vas → aller

**vacance** [vakɑ̃s ヴァカンス] **[女性名詞]** ♪

（複数形で）バカンス，休暇

Quand partez-vous en vacances ?
あなたはいつバカンスに出かけるのですか？

Bonnes vacances！ よい休暇を！

**vache** [vaʃ ヴァシュ] **[女性名詞]**

雌牛

Les vaches nous donnent du lait.
雌牛のおかげで私たちはミルクが飲めます．

**vaisselle** [vɛsɛl ヴェセル] **[女性名詞]**

食器（類），食器洗い

faire la vaisselle 皿洗いをする

**valeur** [valœr ヴァルる] **[女性名詞]**

価値

Cette voiture a une valeur d'un million de yens.
この車は 100 万円の価値がある．

**valise** [valiz ヴァリズ] **[女性名詞]**

スーツケース，旅行かばん

Cette valise est à vous ?
このスーツケースはあなたのものですか？

**valoir** [valwar ヴァルワる] **[自動詞] [活用26]**

価値がある

〈 **Il vaut mieux** ＋ **[不定詞]** 〉 **[非人称]** …する方がいい

Il vaut mieux appeler le médecin.
お医者さんを呼んだ方がいいよ．

V

### vélo [velo ヴェロ] 男性名詞

自転車

Elle va à l'école à [en] vélo.
彼女は自転車で学校へ行きます.

**faire du vélo** サイクリングをする

### vendeur, vendeuse [vãdœr, vãdøz ヴァンドゥる, ヴァンドゥズ] 名詞

店員, 販売員

Il y a six vendeuses dans ce magasin.
この店には6名の女性店員がいます.

### vendre [vãdr ヴァンドゥる] 他動詞 活用30

売る

Il vend des journaux. 彼は新聞を売っている.

反対語 ➡ acheter

### vendredi [vãdrədi ヴァンドゥるディ] 男性名詞

金曜日

Les vacances commencent le vendredi 14.
休暇は14日金曜日に始まる.

### venir [v(ə)nir ヴニる] 自動詞 活用14 (助動詞はêtre)

① 来る

D'où venez-vous ?　　　　　— Je viens de Tokyo.
あなたはどこから来たのですか? — 東京からです.

② 〈de +不定詞〉…したところだ [近接過去]

Je viens de déjeuner. 私は昼食をとったところです.

### vent [vã ヴァン] 男性名詞

風

Il y a du vent. 風があります.

**ventre** [vɑ̃tr ヴァントゥる] 【男性名詞】

腹, 腹部

J'ai mal au ventre.　私はお腹が痛い.

**véritable** [veritabl ヴェリタブル] 【形容詞】

本当の, 真の

C'est une histoire véritable.　それは実話です.

**vérité** [verite ヴェリテ] 【女性名詞】

真実

Il a dit la vérité.　彼は本当のことを語った.

**verre** [vɛr ヴェる] 【男性名詞】

コップ, グラス, ガラス

Il a bu un verre d'eau.　彼は水を1杯飲んだ.

**vers** [vɛr ヴェる] 【前置詞】

① [概略の時刻] …ころ

　Je vais chez toi vers midi.
　私は昼ころに君の家に行きます.

　比較 ➡ à

② [方向] …のほうへ, …に向かって

　La voiture roule vers le sud.　車は南に進んでいる.

**V**

## vert, verte [vɛr, vɛrt ヴェる, ヴェるトゥ] 【形容詞】

緑の, グリーンの

Mangez des légumes verts.　緑の野菜を食べなさい.

**veste** [vɛst ヴェストゥ] 【女性名詞】

上着

Je peux essayer cette veste ?
このジャケットを試着してもいいですか?

♪294

**vêtement** [vɛtmɑ̃ ヴェトゥマン] **男性名詞**

衣服，衣類

Quel genre de vêtements préférez-vous ?
どんな種類の衣類をお好みですか？

**veuille, veuillez, veuillons → vouloir**

**viande** [vjɑ̃d ヴィアンドゥ] **女性名詞**

肉，肉料理

Je ne prends pas de viande.　私は肉を食べません．

**victoire** [viktwar ヴィクトゥワる] **女性名詞**

勝利

Nous sommes contents de la victoire.
私たちは勝利に満足しています．

**vide** [vid ヴィドゥ] **形容詞**

空の，すいている

Depuis trois mois, l'appartement est vide.
3ヶ月前からそのアパルトマンは空いている．

**vidéo** [video ヴィデオ] **形容詞・女性名詞**

ビデオの；ビデオ技術

Mon fils adore les jeux vidéo.
私の息子はテレビゲームが大好きです．

［ **注意**：形容詞としては性数変化をしない．］

**vie** [vi ヴィ] **女性名詞**

人生，生活，生命

Qu'est-ce que vous faites dans la vie ?
あなたの職業は何ですか？

**vieil, vieille → vieux**

**vieillesse** [vjεjεs ヴィエィエス] [女性名詞]

老い，老年

Elle a eu une vieillesse heureuse.
彼女は幸福な老後を送った.

## viennent, viens, vient → venir

## vieux, vieille [vjø, vjεj ヴィウ, ヴィエユ] (vieux単数形は母音の前でvieil) [形容詞] (名詞の前に置かれることが多い)

① 老いた

C'est un vieux monsieur. それは年をとった男性です.

反対語 ➡ jeune

[ 注意：âgé(e) の方がていねいな語 ]

② 古い，使い古した

Voilà une vieille église. あそこに古い教会があります.

## village [vilaʒ ヴィラジュ] [男性名詞]

村

Aujourd'hui, c'est la fête du village. 今日は村の祭りです.

## ville [vil ヴィル] [女性名詞]

町，都市，…市

Kyoto est une vieille ville. 京都は古い町です.
la ville de Paris パリ市

## vin [vɛ̃ ヴァン] [男性名詞]

ワイン

Vous voulez du vin blanc ? 白ワインをいかがですか？
vin rouge 赤ワイン

## vingt [vɛ̃ ヴァン] [数詞]

20

Elle va avoir vingt ans. 彼女はもうすぐ20才です.

**violent, violente** [vjɔlɑ̃, vjɔlɑ̃t ヴィオラン, ヴィオラントゥ] [形容詞]

激しい，乱暴な

J'ai entendu un bruit violent.　ものすごい音が聞こえた.

**violon** [vjɔlɔ̃ ヴィオロン] [男性名詞]

ヴァイオリン

Elle apprend le violon.　彼女はヴァイオリンを習っている.

**visage** [vizaʒ ヴィザジュ] [男性名詞]

顔，顔色

Il a un beau visage !　彼はハンサムだね！

**visite** [vizit ヴィズィトゥ] [女性名詞]

訪問，見物

J'ai rendu visite à Madame Dinet.
私はディネ夫人を訪問した.

**visiter** [vizite ヴィズィテ] [他動詞] [活用1]

訪問する，見物する

Je vais visiter Nice et Cannes.
私はニースとカンヌを訪れるつもりです.

**vite** [vit ヴィトゥ] [副詞]

速く，急いで

Viens vite !　はやくいらっしゃい.

反対語 ➡ lentement

**vitesse** [vitɛs ヴィテス] [女性名詞]

速さ，速度

Quelle est la vitesse du TGV ?
TGV の速度はどのくらいですか？

**vitre** [vitr ヴィトゥる] [女性名詞]

ガラス，窓ガラス

Les élèves ont cassé une vitre.　生徒たちがガラスを割った.

**vivant, vivante** [vivɑ̃, vivɑ̃t ヴィヴァン, ヴィヴァントゥ] [形容詞]

生きている，生き生きとした

Ton grand-père est encore vivant ?
君のおじいさんはまだ御存命ですか？

**vivre** [vivr ヴィヴる] [自動詞・他動詞] [活用48]

生きる，生活する

Il vit tout seul. 彼はたった1人で暮らしている．

**voici** [vwasi ヴワスィ] [提示句]

…がここにいる，ある

C'est la chambre 203. Voici la clé.
203号室でございます．キーをどうぞ．

比較 ➡ voilà

**voilà** [vwala ヴワラ] [提示句]

① …がそこ（ここ）にいる，ある

Voilà le bus ! ほらバスが来たよ！

比較 ➡ voici

② はいどうぞ，その通りです

Un café, s'il vous plaît. ― Voilà, madame
コーヒーを1杯おねがいします． ― はいどうぞ．

**V**

**voir** [vwar ヴワる] [他動詞] [活用27]

① 見る，見える

Je veux voir le match de foot.
私はそのサッカーの試合を見たい．

② 会う

Tu vois Claire cet après-midi ?
今日の午後クレールに会う？

♪298

**se voir** 代名動詞

（互いに）会う

On se voit demain ?　明日会いましょうか？

**voisin, voisine** [vwazɛ̃, vwazin ヴワザン, ヴワズィヌ]

1) 形容詞 隣の，近い

Elle habitait dans un village voisin.
彼女は隣村に住んでいました.

2) 名詞 近所の人，隣人

Nous dînons souvent avec nos voisins.
私たちはよく近所の人たちと夕食を食べます.

**voiture** [vwatyr ヴワテュる] 女性名詞

車，自動車

Cette voiture est à qui ?　あの車は誰のですか？

**voix** [vwa ヴワ] 女性名詞

声

Elle a une très belle voix.
彼女はとてもきれいな声をしている.

**vol** [vɔl ヴォル] 男性名詞

飛行便，フライト

Vous avez un vol à dix heures quarante.
10 時 40 分の便がございます.

**voler** [vɔle ヴォレ] 他動詞 活用1

盗む

On m'a volé mon passeport.　私はパスポートを盗まれた.

**voler** [vɔle ヴォレ] 自動詞 活用1

飛ぶ

L'avion vole au-dessus des Alpes.
飛行機はアルプス上空を飛ぶ.

V

**voleur, voleuse** [vɔlœr, vɔløz ヴォルる, ヴォルズ] 名詞
  泥棒
  Au voleur ! 泥棒だ！

**volonté** [vɔlɔ̃te ヴォロンテ] 女性名詞
  意志
  Tu as de la volonté ! 君は意志が強いね！

**volontiers** [vɔlɔ̃tje ヴォロンティエ] 副詞
  喜んで，心から
  Tu viens dîner ce soir ?　— Volontiers !
  今晩食事に来ない？　　　— 喜んで！

## vont → aller

## vos → votre

## votre, vos [vɔtr, vo ヴォトゥる, ヴォ] 所有形容詞
  あなたの，あなた方の，君たちの
  Vous êtes contente de votre chambre, madame ?
  お部屋にご満足いただけましたか？
  比較 ➡ ton, ta, tes

**vôtre (le/la)** [votr ヴォトゥる] 所有代名詞
  あなた（方）のもの（定冠詞とともに用いる）
  Voici ma chambre. Où est la vôtre ?
  私の部屋はここです．あなたの部屋はどこですか？

## vouloir [vulwar ヴゥルワーる] 他動詞 活用28

  ① 〈＋名詞〉…を望む，…がほしい
    Qu'est-ce que tu veux comme boisson ?
    飲み物は何がいい？

② 〈+ 不定詞 〉…したい

> Nous voulons partir tout de suite.
> 私たちはすぐに出発したいのです.

③ 〈Voulez-vous / Veux-tu + 不定詞 ?〉

…してくれませんか, …してくれない?（依頼）

> Voulez-vous fermer la porte, s'il vous plaît ?
> ドアをしめていただけませんか?

④ 〈～ bien〉歓迎する, 望む

> Vous voulez un peu de café ?  — Je veux bien.
> コーヒーを少しいかがですか?    — いただきます.

⑤ 〈Je voudrais/Nous voudrions + 不定詞 〉
できれば…したいのですが（願望をていねいに表わす）

> Je voudrais voir monsieur Couvet, s'il vous plaît.
> クヴェさんにお会いしたいのですが.

## VOUS [vu ヴゥ] ♪

1) 主語人称代名詞

あなたは, 君たちは, あなた方は

Vous parlez bien japonais.  あなたは日本語が上手ですね.

Vous êtes étudiants ?  あなたたちは学生ですか?

**V**

2) 強勢形人称代名詞

あなた（方）, 君たち

Ce sac est à vous ?  このバッグはあなたのですか?

3) 再帰代名詞

あなた（方）自身を, 君たち自身を, あなた（方）自身に,
君たち自身に（代名動詞の2人称に用いる.）

Vous vous appelez comment ?
あなたはなんというお名前ですか?

4) 人称代名詞・直接目的語

あなた（方）を, 君たちを

Je vous écoute.  あなたのお話をうかがいましょう.

5) 人称代名詞・間接目的語

あなた（方）に，君たちに

Je peux vous téléphoner demain ?
明日あなたに電話してもいいですか？

## voyage [vwajaʒ ヴワィアジュ] 男性名詞 ♪

旅行

Ils partent en voyage. 彼らは旅行に出かける.

**Bon voyage !** よいご旅行を！

## voyager [vwajaʒe ヴワィアジェ] 自動詞 活用3

旅行する

Nous voyageons souvent. 私たちはよく旅行をします.

## voyageur, voyageuse
[vwajaʒœr, vwajaʒøz ヴワィアジュる, ヴワィアジュズ] 名詞

旅行者，乗客

Il y a plus de quarante voyageurs dans cet autocar.
この観光バスには 40 人以上の乗客が乗っている.

## vrai, vraie [vrɛ ヴれ] 形容詞

本当の，正しい

C'est vrai ? それは本当ですか？

反対語 ➡ faux, fausse

## vraiment [vrɛmɑ̃ ヴれマン] 副詞

本当に

C'est vraiment dommage ! それは本当に残念です！

## vue [vy ヴュ] 女性名詞

見ること，眺め，見方

Quelle belle vue ! 何ていい眺めでしょう！

V

## 地理

**géographie** 女 地理

① **île (ile)** 女 島
② **mer** 女 海
③ **montagne** 女 山
④ **plage** 女 浜辺
⑤ **fleuve** 男 川, 河
⑥ **forêt** 女 林, 森
⑦ **étang** 男 池
⑧ **village** 男 村
⑨ **colline** 女 丘
⑩ **pont** 男 橋

## W Y Z

### week-end (weekend) [wikɛnd ウィケンドゥ] 男性名詞

週末

On va au cinéma ce week-end ?
この週末，映画に行かない？

### y [i イ] 中性代名詞

① [前置詞＋場所 に代る] そこで，そこへ

Nous y sommes allés à pied.
私たちはそこへ歩いて行きました．

② [à ＋ 名詞・不定詞 に代る]

J'aime la peinture.
— Moi aussi, je m'y intéresse beaucoup.
私は絵画が好きです．
— 私もそれにとても興味があります．

### yaourt [jaur(t) ィアウる(トゥ)] 男性名詞

ヨーグルト

Elle mange du yaourt au petit déjeuner.
彼女は朝食にヨーグルトを食べる．

### yen [jɛn ィエヌ] 男性名詞

円（日本通貨）

### yeux [jø ィユ] 男性名詞・複数

目

Il a les yeux bleus. 彼は青い目をしている．

[ 注意：単数は œil ]

W

Y

Z

♪304

## zéro [zero ゼろ] 数詞

ゼロ

## zoo [zɔ(ɔ)o ゾ] 男性名詞

動物園

Elle a emmené ses enfants au zoo samedi dernier.
彼女は先週の土曜日，子どもたちを動物園に連れていった.

## zut [zyt ズュトゥ] 間投詞

ちぇ，残念 (悔しさ，苛立ちなど)

Zut ! Le dernier train est parti.
ちぇ，終電が出てしまった.

W
Y
Z

# 動詞活用表

| | 不定詞<br>現在分詞<br>過去分詞 | 直説法 | | |
|---|---|---|---|---|
| | | 現在 | 半過去 | 単純未来 |
| 1 | aimer<br>（第1群規則動詞）<br><br>aimant<br>aimé | j' aime<br>tu aimes<br>il aime<br>nous aimons<br>vous aimez<br>ils aiment | j' aimais<br>tu aimais<br>il aimait<br>nous aimions<br>vous aimiez<br>ils aimaient | j' aimerai<br>tu aimeras<br>il aimera<br>nous aimerons<br>vous aimerez<br>ils aimeront |
| 2 | commencer<br><br>commençant<br>commencé | je commence<br>tu commences<br>il commence<br>nous commençons<br>vous commencez<br>ils commencent | je commençais<br>tu commençais<br>il commençait<br>nous commencions<br>vous commenciez<br>ils commençaient | je commencerai<br>tu commenceras<br>il commencera<br>nous commencerons<br>vous commencerez<br>ils commenceront |
| 3 | manger<br><br>mangeant<br>mangé | je mange<br>tu manges<br>il mange<br>nous mangeons<br>vous mangez<br>ils mangent | je mangeais<br>tu mangeais<br>il mangeait<br>nous mangions<br>vous mangiez<br>ils mangeaient | je mangerai<br>tu mangeras<br>il mangera<br>nous mangerons<br>vous mangerez<br>ils mangeront |
| 4 | acheter<br><br>achetant<br>acheté | j' achète<br>tu achètes<br>il achète<br>nous achetons<br>vous achetez<br>ils achètent | j' achetais<br>tu achetais<br>il achetait<br>nous achetions<br>vous achetiez<br>ils achetaient | j' achèterai<br>tu achèteras<br>il achètera<br>nous achèterons<br>vous achèterez<br>ils achèteront |
| 5 | appeler<br><br>appelant<br>appelé | j' appelle<br>tu appelles<br>il appelle<br>nous appelons<br>vous appelez<br>ils appellent | j' appelais<br>tu appelais<br>il appelait<br>nous appelions<br>vous appeliez<br>ils appelaient | j' appellerai<br>tu appelleras<br>il appellera<br>nous appellerons<br>vous appellerez<br>ils appelleront |
| 6 | préférer<br><br>préférant<br>préféré | je préfère<br>tu préfères<br>il préfère<br>nous préférons<br>vous préférez<br>ils préfèrent | je préférais<br>tu préférais<br>il préférait<br>nous préférions<br>vous préfériez<br>ils préféraient | je préférerai<br>tu préféreras<br>il préférera<br>nous préférerons<br>vous préférerez<br>ils préféreront |
| 7 | payer (1)<br><br>payant<br>payé | je paie<br>tu paies<br>il paie<br>nous payons<br>vous payez<br>ils paient | je payais<br>tu payais<br>il payait<br>nous payions<br>vous payiez<br>ils payaient | je paierai<br>tu paieras<br>il paiera<br>nous paierons<br>vous paierez<br>ils paieront |

| 条件法 | | 接続法 | | 命令法 | 備考 |
|---|---|---|---|---|---|
| 現在 | | 現在 | | | |
| j' | aimerais | j' | aime | | |
| tu | aimerais | tu | aimes | aime | |
| il | aimerait | il | aime | | |
| nous | aimerions | nous | aimions | aimons | |
| vous | aimeriez | vous | aimiez | aimez | |
| ils | aimeraient | ils | aiment | | |
| je | commencerais | je | commence | | |
| tu | commencerais | tu | commences | commence | |
| il | commencerait | il | commence | | |
| nous | commencerions | nous | commencions | commençons | |
| vous | commenceriez | vous | commenciez | commencez | |
| ils | commenceraient | ils | commencent | | |
| je | mangerais | je | mange | | |
| tu | mangerais | tu | manges | mange | |
| il | mangerait | il | mange | | |
| nous | mangerions | nous | mangions | mangeons | |
| vous | mangeriez | vous | mangiez | mangez | |
| ils | mangeraient | ils | mangent | | |
| j' | achèterais | j' | achète | | |
| tu | achèterais | tu | achètes | achète | |
| il | achèterait | il | achète | | |
| nous | achèterions | nous | achetions | achetons | |
| vous | achèteriez | vous | achetiez | achetez | |
| ils | achèteraient | ils | achètent | | |
| j' | appellerais | j' | appelle | | |
| tu | appellerais | tu | appelles | appelle | |
| il | appellerait | il | appelle | | |
| nous | appellerions | nous | appelions | appelons | |
| vous | appelleriez | vous | appeliez | appelez | |
| ils | appelleraient | ils | appellent | | |
| je | préférerais | je | préfère | | 新綴りでは，単純未来と条 |
| tu | préférerais | tu | préfères | préfère | 件法現在の語幹 préfére- は |
| il | préférerait | il | préfère | | préfère- になる. |
| nous | préférerions | nous | préférions | préférons | |
| vous | préféreriez | vous | préfériez | préférez | |
| ils | préféreraient | ils | préfèrent | | |
| je | paierais | je | paie | | |
| tu | paierais | tu | paies | paie | |
| il | paierait | il | paie | | |
| nous | paierions | nous | payions | payons | |
| vous | paieriez | vous | payiez | payez | |
| ils | paieraient | ils | paient | | |

| | 不定詞<br>現在分詞<br>過去分詞 | 直説法 | | | | | |
|---|---|---|---|---|---|---|---|
| | | 現在 | | 半過去 | | 単純未来 | |
| 7 | payer (2)<br><br>payant<br>payé | je<br>tu<br>il<br>nous<br>vous<br>ils | paye<br>payes<br>paye<br>payons<br>payez<br>payent | je<br>tu<br>il<br>nous<br>vous<br>ils | payais<br>payais<br>payait<br>payions<br>payiez<br>payaient | je<br>tu<br>il<br>nous<br>vous<br>ils | payerai<br>payeras<br>payera<br>payerons<br>payerez<br>payeront |
| 8 | essayer<br><br>essayant<br>essayé | j'<br>tu<br>il<br>nous<br>vous<br>ils | essaie<br>essaies<br>essaie<br>essayons<br>essayez<br>essaient | j'<br>tu<br>il<br>nous<br>vous<br>ils | essayais<br>essayais<br>essayait<br>essayions<br>essayiez<br>essayaient | j'<br>tu<br>il<br>nous<br>vous<br>ils | essaierai<br>essaieras<br>essaiera<br>essaierons<br>essaierez<br>essaieront |
| 9 | appuyer<br><br>appuyant<br>appuyé | j'<br>tu<br>il<br>nous<br>vous<br>ils | appuie<br>appuies<br>appuie<br>appuyons<br>appuyez<br>appuient | j'<br>tu<br>il<br>nous<br>vous<br>ils | appuyais<br>appuyais<br>appuyait<br>appuyions<br>appuyiez<br>appuyaient | j'<br>tu<br>il<br>nous<br>vous<br>ils | appuierai<br>appuieras<br>appuiera<br>appuierons<br>appuierez<br>appuieront |
| 10 | employer<br><br>employant<br>employé | j'<br>tu<br>il<br>nous<br>vous<br>ils | emploie<br>emploies<br>emploie<br>employons<br>employez<br>emploient | j'<br>tu<br>il<br>nous<br>vous<br>ils | employais<br>employais<br>employait<br>employions<br>employiez<br>employaient | j'<br>tu<br>il<br>nous<br>vous<br>ils | emploierai<br>emploieras<br>emploiera<br>emploierons<br>emploierez<br>emploieront |
| 11 | envoyer<br><br>envoyant<br>envoyé | j'<br>tu<br>il<br>nous<br>vous<br>ils | envoie<br>envoies<br>envoie<br>envoyons<br>envoyez<br>envoient | j'<br>tu<br>il<br>nous<br>vous<br>ils | envoyais<br>envoyais<br>envoyait<br>envoyions<br>envoyiez<br>envoyaient | j'<br>tu<br>il<br>nous<br>vous<br>ils | enverrai<br>enverras<br>enverra<br>enverrons<br>enverrez<br>enverront |
| 12 | aller<br><br>allant<br>allé | je<br>tu<br>il<br>nous<br>vous<br>ils | vais<br>vas<br>va<br>allons<br>allez<br>vont | j'<br>tu<br>il<br>nous<br>vous<br>ils | allais<br>allais<br>allait<br>allions<br>alliez<br>allaient | j'<br>tu<br>il<br>nous<br>vous<br>ils | irai<br>iras<br>ira<br>irons<br>irez<br>iront |
| 13 | finir<br>（第2群規則動詞）<br>finissant<br>fini | je<br>tu<br>il<br>nous<br>vous<br>ils | finis<br>finis<br>finit<br>finissons<br>finissez<br>finissent | je<br>tu<br>il<br>nous<br>vous<br>ils | finissais<br>finissais<br>finissait<br>finissions<br>finissiez<br>finissaient | je<br>tu<br>il<br>nous<br>vous<br>ils | finirai<br>finiras<br>finira<br>finirons<br>finirez<br>finiront |

| 条件法 | | 接続法 | | 命令法 |
|---|---|---|---|---|
| 現在 | | 現在 | | |
| je | payerais | je | paye | |
| tu | payerais | tu | payes | paye |
| il | payerait | il | paye | |
| nous | payerions | nous | payions | payons |
| vous | payeriez | vous | payiez | payez |
| ils | payeraient | ils | payent | |
| j' | essaierais | j' | essaie | |
| tu | essaierais | tu | essaies | essaie |
| il | essaierait | il | essaie | |
| nous | essaierions | nous | essayions | essayons |
| vous | essaieriez | vous | essayiez | essayez |
| ils | essaieraient | ils | essaient | |
| j' | appuierais | j' | appuie | |
| tu | appuierais | tu | appuies | appuie |
| il | appuierait | il | appuie | |
| nous | appuierions | nous | appuyions | appuyons |
| vous | appuieriez | vous | appuyiez | appuyez |
| ils | appuieraient | ils | appuient | |
| j' | emploierais | j' | emploie | |
| tu | emploierais | tu | emploies | emploie |
| il | emploierait | il | emploie | |
| nous | emploierions | nous | employions | employons |
| vous | emploieriez | vous | employiez | employez |
| ils | emploieraient | ils | emploient | |
| j' | enverrais | j' | envoie | |
| tu | enverrais | tu | envoies | envoie |
| il | enverrait | il | envoie | |
| nous | enverrions | nous | envoyions | envoyons |
| vous | enverriez | vous | envoyiez | envoyez |
| ils | enverraient | ils | envoient | |
| j' | irais | j' | aille | |
| tu | irais | tu | ailles | va |
| il | irait | il | aille | |
| nous | irions | nous | allions | allons |
| vous | iriez | vous | alliez | allez |
| ils | iraient | ils | aillent | |
| je | finirais | je | finisse | |
| tu | finirais | tu | finisses | finis |
| il | finirait | il | finisse | |
| nous | finirions | nous | finissions | finissons |
| vous | finiriez | vous | finissiez | finissez |
| ils | finiraient | ils | finissent | |

| | 不定詞<br>現在分詞<br>過去分詞 | 直説法 | | |
|---|---|---|---|---|
| | | 現在 | 半過去 | 単純未来 |
| 14 | venir<br><br>venant<br>venu | je viens<br>tu viens<br>il vient<br>nous venons<br>vous venez<br>ils viennent | je venais<br>tu venais<br>il venait<br>nous venions<br>vous veniez<br>ils venaient | je viendrai<br>tu viendras<br>il viendra<br>nous viendrons<br>vous viendrez<br>ils viendront |
| 15 | partir<br><br>partant<br>parti | je pars<br>tu pars<br>il part<br>nous partons<br>vous partez<br>ils partent | je partais<br>tu partais<br>il partait<br>nous partions<br>vous partiez<br>ils partaient | je partirai<br>tu partiras<br>il partira<br>nous partirons<br>vous partirez<br>ils partiront |
| 16 | courir<br><br>courant<br>couru | je cours<br>tu cours<br>il court<br>nous courons<br>vous courez<br>ils courent | je courais<br>tu courais<br>il courait<br>nous courions<br>vous couriez<br>ils couraient | je courrai<br>tu courras<br>il courra<br>nous courrons<br>vous courrez<br>ils courront |
| 17 | mourir<br><br>mourant<br>mort | je meurs<br>tu meurs<br>il meurt<br>nous mourons<br>vous mourez<br>ils meurent | je mourais<br>tu mourais<br>il mourait<br>nous mourions<br>vous mouriez<br>ils mouraient | je mourrai<br>tu mourras<br>il mourra<br>nous mourrons<br>vous mourrez<br>ils mourront |
| 18 | ouvrir<br><br>ouvrant<br>ouvert | j' ouvre<br>tu ouvres<br>il ouvre<br>nous ouvrons<br>vous ouvrez<br>ils ouvrent | j' ouvrais<br>tu ouvrais<br>il ouvrait<br>nous ouvrions<br>vous ouvriez<br>ils ouvraient | j' ouvrirai<br>tu ouvriras<br>il ouvrira<br>nous ouvrirons<br>vous ouvrirez<br>ils ouvriront |
| 19 | avoir<br><br>ayant<br>eu | j' ai<br>tu as<br>il a<br>nous avons<br>vous avez<br>ils ont | j' avais<br>tu avais<br>il avait<br>nous avions<br>vous aviez<br>ils avaient | j' aurai<br>tu auras<br>il aura<br>nous aurons<br>vous aurez<br>ils auront |
| 20 | devoir<br><br>devant<br>dû | je dois<br>tu dois<br>il doit<br>nous devons<br>vous devez<br>ils doivent | je devais<br>tu devais<br>il devait<br>nous devions<br>vous deviez<br>ils devaient | je devrai<br>tu devras<br>il devra<br>nous devrons<br>vous devrez<br>ils devront |

| 条件法 | | 接続法 | | 命令法 |
|---|---|---|---|---|
| 現在 | | 現在 | | |
| je | viendrais | je | vienne | |
| tu | viendrais | tu | viennes | viens |
| il | viendrait | il | vienne | |
| nous | viendrions | nous | venions | venons |
| vous | viendriez | vous | veniez | venez |
| ils | viendraient | ils | viennent | |
| je | partirais | je | parte | |
| tu | partirais | tu | partes | pars |
| il | partirait | il | parte | |
| nous | partirions | nous | partions | partons |
| vous | partiriez | vous | partiez | partez |
| ils | partiraient | ils | partent | |
| je | courrais | je | coure | |
| tu | courrais | tu | coures | cours |
| il | courrait | il | coure | |
| nous | courrions | nous | courions | courons |
| vous | courriez | vous | couriez | courez |
| ils | courraient | ils | courent | |
| je | mourrais | je | meure | |
| tu | mourrais | tu | meures | meurs |
| il | mourrait | il | meure | |
| nous | mourrions | nous | mourions | mourons |
| vous | mourriez | vous | mouriez | mourez |
| ils | mourraient | ils | meurent | |
| j' | ouvrirais | j' | ouvre | |
| tu | ouvrirais | tu | ouvres | ouvre |
| il | ouvrirait | il | ouvre | |
| nous | ouvririons | nous | ouvrions | ouvrons |
| vous | ouvririez | vous | ouvriez | ouvrez |
| ils | ouvriraient | ils | ouvrent | |
| j' | aurais | j' | aie | |
| tu | aurais | tu | aies | aie |
| il | aurait | il | ait | |
| nous | aurions | nous | ayons | ayons |
| vous | auriez | vous | ayez | ayez |
| ils | auraient | ils | aient | |
| je | devrais | je | doive | |
| tu | devrais | tu | doives | dois |
| il | devrait | il | doive | |
| nous | devrions | nous | devions | devons |
| vous | devriez | vous | deviez | devez |
| ils | devraient | ils | doivent | |

| | 不定詞<br>現在分詞<br>過去分詞 | 直説法 | | |
|---|---|---|---|---|
| | | 現在 | 半過去 | 単純未来 |
| 21 | falloir<br>-<br>fallu | -<br>-<br>il    faut<br>-<br>-<br>- | -<br>-<br>il    fallait<br>-<br>-<br>- | -<br>-<br>il    faudra<br>-<br>-<br>- |
| 22 | pleuvoir<br>pleuvant<br>plu | -<br>-<br>il    pleut<br>-<br>-<br>- | -<br>-<br>il    pleuvait<br>-<br>-<br>- | -<br>-<br>il    pleuvra<br>-<br>-<br>- |
| 23 | pouvoir<br>pouvant<br>pu | je    peux (puis)<br>tu    peux<br>il    peut<br>nous  pouvons<br>vous  pouvez<br>ils   peuvent | je    pouvais<br>tu    pouvais<br>il    pouvait<br>nous  pouvions<br>vous  pouviez<br>ils   pouvaient | je    pourrai<br>tu    pourras<br>il    pourra<br>nous  pourrons<br>vous  pourrez<br>ils   pourront |
| 24 | recevoir<br>recevant<br>reçu | je    reçois<br>tu    reçois<br>il    reçoit<br>nous  recevons<br>vous  recevez<br>ils   reçoivent | je    recevais<br>tu    recevais<br>il    recevait<br>nous  recevions<br>vous  receviez<br>ils   recevaient | je    recevrai<br>tu    recevras<br>il    recevra<br>nous  recevrons<br>vous  recevrez<br>ils   recevront |
| 25 | savoir<br>sachant<br>su | je    sais<br>tu    sais<br>il    sait<br>nous  savons<br>vous  savez<br>ils   savent | je    savais<br>tu    savais<br>il    savait<br>nous  savions<br>vous  saviez<br>ils   savaient | je    saurai<br>tu    sauras<br>il    saura<br>nous  saurons<br>vous  saurez<br>ils   sauront |
| 26 | valoir<br>valant<br>valu | je    vaux<br>tu    vaux<br>il    vaut<br>nous  valons<br>vous  valez<br>ils   valent | je    valais<br>tu    valais<br>il    valait<br>nous  valions<br>vous  valiez<br>ils   valaient | je    vaudrai<br>tu    vaudras<br>il    vaudra<br>nous  vaudrons<br>vous  vaudrez<br>ils   vaudront |
| 27 | voir<br>voyant<br>vu | je    vois<br>tu    vois<br>il    voit<br>nous  voyons<br>vous  voyez<br>ils   voient | je    voyais<br>tu    voyais<br>il    voyait<br>nous  voyions<br>vous  voyiez<br>ils   voyaient | je    verrai<br>tu    verras<br>il    verra<br>nous  verrons<br>vous  verrez<br>ils   verront |

| 条件法 | | 接続法 | | 命令法 |
|---|---|---|---|---|
| 現在 | | 現在 | | |
| - | | - | | |
| - | | - | | - |
| il | faudrait | il | faille | |
| - | | - | | - |
| - | | - | | - |
| - | | - | | |
| - | | - | | |
| - | | - | | - |
| il | pleuvrait | il | pleuve | |
| - | | - | | - |
| - | | - | | - |
| - | | - | | |
| je | pourrais | je | puisse | |
| tu | pourrais | tu | puisses | - |
| il | pourrait | il | puisse | |
| nous | pourrions | nous | puissions | - |
| vous | pourriez | vous | puissiez | - |
| ils | pourraient | ils | puissent | |
| je | recevrais | je | reçoive | |
| tu | recevrais | tu | reçoives | reçois |
| il | recevrait | il | reçoive | |
| nous | recevrions | nous | recevions | recevons |
| vous | recevriez | vous | receviez | recevez |
| ils | recevraient | ils | reçoivent | |
| je | saurais | je | sache | |
| tu | saurais | tu | saches | sache |
| il | saurait | il | sache | |
| nous | saurions | nous | sachions | sachons |
| vous | sauriez | vous | sachiez | sachez |
| ils | sauraient | ils | sachent | |
| je | vaudrais | je | vaille | |
| tu | vaudrais | tu | vailles | - |
| il | vaudrait | il | vaille | |
| nous | vaudrions | nous | valions | - |
| vous | vaudriez | vous | valiez | - |
| ils | vaudraient | ils | vaillent | |
| je | verrais | je | voie | |
| tu | verrais | tu | voies | vois |
| il | verrait | il | voie | |
| nous | verrions | nous | voyions | voyons |
| vous | verriez | vous | voyiez | voyez |
| ils | verraient | ils | voient | |

| | 不定詞<br>現在分詞<br>過去分詞 | 直説法 | | | | | |
|---|---|---|---|---|---|---|---|
| | | 現在 | | 半過去 | | 単純未来 | |
| 28 | vouloir<br><br>voulant<br>voulu | je<br>tu<br>il<br>nous<br>vous<br>ils | veux<br>veux<br>veut<br>voulons<br>voulez<br>veulent | je<br>tu<br>il<br>nous<br>vous<br>ils | voulais<br>voulais<br>voulait<br>voulions<br>vouliez<br>voulaient | je<br>tu<br>il<br>nous<br>vous<br>ils | voudrai<br>voudras<br>voudra<br>voudrons<br>voudrez<br>voudront |
| 29 | être<br><br>étant<br>été | je<br>tu<br>il<br>nous<br>vous<br>ils | suis<br>es<br>est<br>sommes<br>êtes<br>sont | j'<br>tu<br>il<br>nous<br>vous<br>ils | étais<br>étais<br>était<br>étions<br>étiez<br>étaient | je<br>tu<br>il<br>nous<br>vous<br>ils | serai<br>seras<br>sera<br>serons<br>serez<br>seront |
| 30 | attendre<br><br>attendant<br>attendu | j'<br>tu<br>il<br>nous<br>vous<br>ils | attends<br>attends<br>attend<br>attendons<br>attendez<br>attendent | j'<br>tu<br>il<br>nous<br>vous<br>ils | attendais<br>attendais<br>attendait<br>attendions<br>attendiez<br>attendaient | j'<br>tu<br>il<br>nous<br>vous<br>ils | attendrai<br>attendras<br>attendra<br>attendrons<br>attendrez<br>attendront |
| 31 | battre<br><br>battant<br>battu | je<br>tu<br>il<br>nous<br>vous<br>ils | bats<br>bats<br>bat<br>battons<br>battez<br>battent | je<br>tu<br>il<br>nous<br>vous<br>ils | battais<br>battais<br>battait<br>battions<br>battiez<br>battaient | je<br>tu<br>il<br>nous<br>vous<br>ils | battrai<br>battras<br>battra<br>battrons<br>battrez<br>battront |
| 32 | boire<br><br>buvant<br>bu | je<br>tu<br>il<br>nous<br>vous<br>ils | bois<br>bois<br>boit<br>buvons<br>buvez<br>boivent | je<br>tu<br>il<br>nous<br>vous<br>ils | buvais<br>buvais<br>buvait<br>buvions<br>buviez<br>buvaient | je<br>tu<br>il<br>nous<br>vous<br>ils | boirai<br>boiras<br>boira<br>boirons<br>boirez<br>boiront |
| 33 | conduire<br><br>conduisant<br>conduit | je<br>tu<br>il<br>nous<br>vous<br>ils | conduis<br>conduis<br>conduit<br>conduisons<br>conduisez<br>conduisent | je<br>tu<br>il<br>nous<br>vous<br>ils | conduisais<br>conduisais<br>conduisait<br>conduisions<br>conduisiez<br>conduisaient | je<br>tu<br>il<br>nous<br>vous<br>ils | conduirai<br>conduiras<br>conduira<br>conduirons<br>conduirez<br>conduiront |
| 34 | connaître<br><br>conaissant<br>connu | je<br>tu<br>il<br>nous<br>vous<br>ils | connais<br>connais<br>connaît<br>connaissons<br>connaissez<br>connaissent | je<br>tu<br>il<br>nous<br>vous<br>ils | connaissais<br>connaissais<br>connaissait<br>connaissions<br>connaissiez<br>connaissaient | je<br>tu<br>il<br>nous<br>vous<br>ils | connaîtrai<br>connaîtras<br>connaîtra<br>connaîtrons<br>connaîtrez<br>connaîtront |

| 条件法 | | 接続法 | | 命令法 | 備考 |
|---|---|---|---|---|---|
| 現在 | | 現在 | | | |
| je | voudrais | je | veuille | | |
| tu | voudrais | tu | veuilles | veuille | |
| il | voudrait | il | veuille | | |
| nous | voudrions | nous | voulions | veuillons | |
| vous | voudriez | vous | vouliez | veuillez | |
| ils | voudraient | ils | veuillent | | |
| je | serais | je | sois | | |
| tu | serais | tu | sois | sois | |
| il | serait | il | soit | | |
| nous | serions | nous | soyons | soyons | |
| vous | seriez | vous | soyez | soyez | |
| ils | seraient | ils | soient | | |
| j' | attendrais | j' | attende | | |
| tu | attendrais | tu | attendes | attends | |
| il | attendrait | il | attende | | |
| nous | attendrions | nous | attendions | attendons | |
| vous | attendriez | vous | attendiez | attendez | |
| ils | attendraient | ils | attendent | | |
| je | battrais | je | batte | | |
| tu | battrais | tu | battes | bats | |
| il | battrait | il | batte | | |
| nous | battrions | nous | battions | battons | |
| vous | battriez | vous | battiez | battez | |
| ils | battraient | ils | battent | | |
| je | boirais | je | boive | | |
| tu | boirais | tu | boives | bois | |
| il | boirait | il | boive | | |
| nous | boirions | nous | buvions | buvons | |
| vous | boiriez | vous | buviez | buvez | |
| ils | boiraient | ils | boivent | | |
| je | conduirais | je | conduise | | |
| tu | conduirais | tu | conduises | conduis | |
| il | conduirait | il | conduise | | |
| nous | conduirions | nous | conduisions | conduisons | |
| vous | conduiriez | vous | conduisiez | conduisez | |
| ils | conduiraient | ils | conduisent | | |
| je | connaîtrais | je | connaisse | | 新綴りでは，現在の |
| tu | connaîtrais | tu | connaisses | connais | il connaît は il connait に， |
| il | connaîtrait | il | connaisse | | また単純未来と条件法現在 |
| nous | connaîtrions | nous | connaissions | connaissons | の語幹 connaît- は |
| vous | connaîtriez | vous | connaissiez | connaissez | connait- になる． |
| ils | connaîtraient | ils | connaissent | | |

| | 不定詞<br>現在分詞<br>過去分詞 | 直説法 | | | | | |
|---|---|---|---|---|---|---|---|
| | | 現在 | | 半過去 | | 単純未来 | |
| 35 | craindre<br><br>craignant<br>craint | je<br>tu<br>il<br>nous<br>vous<br>ils | crains<br>crains<br>craint<br>craignons<br>craignez<br>craignent | je<br>tu<br>il<br>nous<br>vous<br>ils | craignais<br>craignais<br>craignait<br>craignions<br>craigniez<br>craignaient | je<br>tu<br>il<br>nous<br>vous<br>ils | craindrai<br>craindras<br>craindra<br>craindrons<br>craindrez<br>craindront |
| 36 | croire<br><br>croyant<br>cru | je<br>tu<br>il<br>nous<br>vous<br>ils | crois<br>crois<br>croit<br>croyons<br>croyez<br>croient | je<br>tu<br>il<br>nous<br>vous<br>ils | croyais<br>croyais<br>croyait<br>croyions<br>croyiez<br>croyaient | je<br>tu<br>il<br>nous<br>vous<br>ils | croirai<br>croiras<br>croira<br>croirons<br>croirez<br>croiront |
| 37 | dire<br><br>disant<br>dit | je<br>tu<br>il<br>nous<br>vous<br>ils | dis<br>dis<br>dit<br>disons<br>dites<br>disent | je<br>tu<br>il<br>nous<br>vous<br>ils | disais<br>disais<br>disait<br>disions<br>disiez<br>disaient | je<br>tu<br>il<br>nous<br>vous<br>ils | dirai<br>diras<br>dira<br>dirons<br>direz<br>diront |
| 38 | écrire<br><br>écrivant<br>écrit | j'<br>tu<br>il<br>nous<br>vous<br>ils | écris<br>écris<br>écrit<br>écrivons<br>écrivez<br>écrivent | j'<br>tu<br>il<br>nous<br>vous<br>ils | écrivais<br>écrivais<br>écrivait<br>écrivions<br>écriviez<br>écrivaient | j'<br>tu<br>il<br>nous<br>vous<br>ils | écrirai<br>écriras<br>écrira<br>écrirons<br>écrirez<br>écriront |
| 39 | faire<br><br>faisant<br>fait | je<br>tu<br>il<br>nous<br>vous<br>ils | fais<br>fais<br>fait<br>faisons<br>faites<br>font | je<br>tu<br>il<br>nous<br>vous<br>ils | faisais<br>faisais<br>faisait<br>faisions<br>faisiez<br>faisaient | je<br>tu<br>il<br>nous<br>vous<br>ils | ferai<br>feras<br>fera<br>ferons<br>ferez<br>feront |
| 40 | lire<br><br>lisant<br>lu | je<br>tu<br>il<br>nous<br>vous<br>ils | lis<br>lis<br>lit<br>lisons<br>lisez<br>lisent | je<br>tu<br>il<br>nous<br>vous<br>ils | lisais<br>lisais<br>lisait<br>lisions<br>lisiez<br>lisaient | je<br>tu<br>il<br>nous<br>vous<br>ils | lirai<br>liras<br>lira<br>lirons<br>lirez<br>liront |
| 41 | mettre<br><br>mettant<br>mis | je<br>tu<br>il<br>nous<br>vous<br>ils | mets<br>mets<br>met<br>mettons<br>mettez<br>mettent | je<br>tu<br>il<br>nous<br>vous<br>ils | mettais<br>mettais<br>mettait<br>mettions<br>mettiez<br>mettaient | je<br>tu<br>il<br>nous<br>vous<br>ils | mettrai<br>mettras<br>mettra<br>mettrons<br>mettrez<br>mettront |

| 条件法 | | 接続法 | | 命令法 |
|---|---|---|---|---|
| 現在 | | 現在 | | |
| je | craindrais | je | craigne | |
| tu | craindrais | tu | craignes | crains |
| il | craindrait | il | craigne | |
| nous | craindrions | nous | craignions | craignons |
| vous | craindriez | vous | craigniez | craignez |
| ils | craindraient | ils | craignent | |
| je | croirais | je | croie | |
| tu | croirais | tu | croies | crois |
| il | croirait | il | croie | |
| nous | croirions | nous | croyions | croyons |
| vous | croiriez | vous | croyiez | croyez |
| ils | croiraient | ils | croient | |
| je | dirais | je | dise | |
| tu | dirais | tu | dises | dis |
| il | dirait | il | dise | |
| nous | dirions | nous | disions | disons |
| vous | diriez | vous | disiez | dites |
| ils | diraient | ils | disent | |
| j' | écrirais | j' | écrive | |
| tu | écrirais | tu | écrives | écris |
| il | écrirait | il | écrive | |
| nous | écririons | nous | écrivions | écrivons |
| vous | écririez | vous | écriviez | écrivez |
| ils | écriraient | ils | écrivent | |
| je | ferais | je | fasse | |
| tu | ferais | tu | fasses | fais |
| il | ferait | il | fasse | |
| nous | ferions | nous | fassions | faisons |
| vous | feriez | vous | fassiez | faites |
| ils | feraient | ils | fassent | |
| je | lirais | je | lise | |
| tu | lirais | tu | lises | lis |
| il | lirait | il | lise | |
| nous | lirions | nous | lisions | lisons |
| vous | liriez | vous | lisiez | lisez |
| ils | liraient | ils | lisent | |
| je | mettrais | je | mette | |
| tu | mettrais | tu | mettes | mets |
| il | mettrait | il | mette | |
| nous | mettrions | nous | mettions | mettons |
| vous | mettriez | vous | mettiez | mettez |
| ils | mettraient | ils | mettent | |

| | 不定詞<br>現在分詞<br>過去分詞 | 直説法 | | | | | |
|---|---|---|---|---|---|---|---|
| | | 現在 | | 半過去 | | 単純未来 | |
| 42 | naître<br><br>naissant<br>né | je<br>tu<br>il<br>nous<br>vous<br>ils | nais<br>nais<br>naît<br>naissons<br>naissez<br>naissent | je<br>tu<br>il<br>nous<br>vous<br>ils | naissais<br>naissais<br>naissait<br>naissions<br>naissiez<br>naissaient | je<br>tu<br>il<br>nous<br>vous<br>ils | naîtrai<br>naîtras<br>naîtra<br>naîtrons<br>naîtrez<br>naîtront |
| 43 | plaire<br><br>plaisant<br>plu | je<br>tu<br>il<br>nous<br>vous<br>ils | plais<br>plais<br>plaît<br>plaisons<br>plaisez<br>plaisent | je<br>tu<br>il<br>nous<br>vous<br>ils | plaisais<br>plaisais<br>plaisait<br>plaisions<br>plaisiez<br>plaisaient | je<br>tu<br>il<br>nous<br>vous<br>ils | plairai<br>plairas<br>plaira<br>plairons<br>plairez<br>plairont |
| 44 | prendre<br><br>prenant<br>pris | je<br>tu<br>il<br>nous<br>vous<br>ils | prends<br>prends<br>prend<br>prenons<br>prenez<br>prennent | je<br>tu<br>il<br>nous<br>vous<br>ils | prenais<br>prenais<br>prenait<br>prenions<br>preniez<br>prenaient | je<br>tu<br>il<br>nous<br>vous<br>ils | prendrai<br>prendras<br>prendra<br>prendrons<br>prendrez<br>prendront |
| 45 | rire<br><br>riant<br>ri | je<br>tu<br>il<br>nous<br>vous<br>ils | ris<br>ris<br>rit<br>rions<br>riez<br>rient | je<br>tu<br>il<br>nous<br>vous<br>ils | riais<br>riais<br>riait<br>riions<br>riiez<br>riaient | je<br>tu<br>il<br>nous<br>vous<br>ils | rirai<br>riras<br>rira<br>rirons<br>rirez<br>riront |
| 46 | suffire<br><br>suffisant<br>suffi | je<br>tu<br>il<br>nous<br>vous<br>ils | suffis<br>suffis<br>suffit<br>suffisons<br>suffisez<br>suffisent | je<br>tu<br>il<br>nous<br>vous<br>ils | suffisais<br>suffisais<br>suffisait<br>suffisions<br>suffisiez<br>suffisaient | je<br>tu<br>il<br>nous<br>vous<br>ils | suffirai<br>suffiras<br>suffira<br>suffirons<br>suffirez<br>suffiront |
| 47 | suivre<br><br>suivant<br>suivi | je<br>tu<br>il<br>nous<br>vous<br>ils | suis<br>suis<br>suit<br>suivons<br>suivez<br>suivent | je<br>tu<br>il<br>nous<br>vous<br>ils | suivais<br>suivais<br>suivait<br>suivions<br>suiviez<br>suivaient | je<br>tu<br>il<br>nous<br>vous<br>ils | suivrai<br>suivras<br>suivra<br>suivrons<br>suivrez<br>suivront |
| 48 | vivre<br><br>vivant<br>vécu | je<br>tu<br>il<br>nous<br>vous<br>ils | vis<br>vis<br>vit<br>vivons<br>vivez<br>vivent | je<br>tu<br>il<br>nous<br>vous<br>ils | vivais<br>vivais<br>vivait<br>vivions<br>viviez<br>vivaient | je<br>tu<br>il<br>nous<br>vous<br>ils | vivrai<br>vivras<br>vivra<br>vivrons<br>vivrez<br>vivront |

| 条件法 | | 接続法 | | 命令法 | 備考 |
|---|---|---|---|---|---|
| | 現在 | | 現在 | | |
| je | naîtrais | je | naisse | | 新綴りでは，現在の il naît |
| tu | naîtrais | tu | naisses | nais | は il naît に，また単純未来 |
| il | naîtrait | il | naisse | | と条件法現在の語幹 naît- は |
| nous | naîtrions | nous | naissions | naissons | naît- になる. |
| vous | naîtriez | vous | naissiez | naissez | |
| ils | naîtraient | ils | naissent | | |
| je | plairais | je | plaise | | 新綴りでは，現在の il plaît |
| tu | plairais | tu | plaises | plais | は il plait になる. |
| il | plairait | il | plaise | | |
| nous | plairions | nous | plaisions | plaisons | |
| vous | plairiez | vous | plaisiez | plaisez | |
| ils | plairaient | ils | plaisent | | |
| je | prendrais | je | prenne | | |
| tu | prendrais | tu | prennes | prends | |
| il | prendrait | il | prenne | | |
| nous | prendrions | nous | prenions | prenons | |
| vous | prendriez | vous | preniez | prenez | |
| ils | prendraient | ils | prennent | | |
| je | rirais | je | rie | | |
| tu | rirais | tu | ries | ris | |
| il | rirait | il | rie | | |
| nous | ririons | nous | riions | rions | |
| vous | ririez | vous | riiez | riez | |
| ils | riraient | ils | rient | | |
| je | suffirais | je | suffise | | |
| tu | suffirais | tu | suffises | suffis | |
| il | suffirait | il | suffise | | |
| nous | suffirions | nous | suffisions | suffisons | |
| vous | suffiriez | vous | suffisiez | suffisez | |
| ils | suffiraient | ils | suffisent | | |
| je | suivrais | je | suive | | |
| tu | suivrais | tu | suives | suis | |
| il | suivrait | il | suive | | |
| nous | suivrions | nous | suivions | suivons | |
| vous | suivriez | vous | suiviez | suivez | |
| ils | suivraient | ils | suivent | | |
| je | vivrais | je | vive | | |
| tu | vivrais | tu | vives | vis | |
| il | vivrait | il | vive | | |
| nous | vivrions | nous | vivions | vivons | |
| vous | vivriez | vous | viviez | vivez | |
| ils | vivraient | ils | vivent | | |

## 代名動詞

| | 不定詞<br>現在分詞<br>過去分詞 | 直説法 | | |
|---|---|---|---|---|
| | | 現在 | 半過去 | 単純未来 |
| 49 | s'asseoir (1)<br>(s'assoir)<br>s'asseyant<br>assis | je m' assieds<br>tu t' assieds<br>il s' assied<br>nous nous asseyons<br>vous vous asseyez<br>ils s' asseyent | je m' asseyais<br>tu t' asseyais<br>il s' asseyait<br>nous nous asseyions<br>vous vous asseyiez<br>ils s' asseyaient | je m' assiérai<br>tu t' assiéras<br>il s' assiéra<br>nous nous assiérons<br>vous vous assiérez<br>ils s' assiéront |
| | s'asseoir (2)<br>(s'assoir)<br>s'assoyant<br>assis | je m' assois<br>tu t' assois<br>il s' assoit<br>nous nous assoyons<br>vous vous assoyez<br>ils s' assoient | je m' assoyais<br>tu t' assoyais<br>il s' assoyait<br>nous nous assoyions<br>vous vous assoyiez<br>ils s' assoyaient | je m' assoirai<br>tu t' assoiras<br>il s' assoira<br>nous nous assoirons<br>vous vous assoirez<br>ils s' assoiront |
| 50 | se taire<br><br>se taisant<br>tu | je me tais<br>tu te tais<br>il se tait<br>nous nous taisons<br>vous vous taisez<br>ils se taisent | je me taisais<br>tu te taisais<br>il se taisait<br>nous nous taisions<br>vous vous taisiez<br>ils se taisaient | je me tairai<br>tu te tairas<br>il se taira<br>nous nous tairons<br>vous vous tairez<br>ils se tairont |

## 複合時制

| | 不定詞 | 助動詞 | 直説法 | | |
|---|---|---|---|---|---|
| | | | 複合過去 | 大過去 | 前未来 |
| 51 | manger →<br>avoir mangé | avoir | j' ai mangé<br>tu as mangé<br>il (elle) a mangé<br>nous avons mangé<br>vous avez mangé<br>ils (elles) ont mangé | j' avais mangé<br>tu avais mangé<br>il (elle) avait mangé<br>nous avions mangé<br>vous aviez mangé<br>ils (elles) avaient mangé | j' aurai mangé<br>tu auras mangé<br>il (elle) aura mangé<br>nous aurons mangé<br>vous aurez mangé<br>ils (elles) auront mangé |
| 52 | partir →<br>être parti(e)(s) | être | je suis parti(e)<br>tu es parti(e)<br>il (elle) est parti(e)<br>nous sommes parti(e)s<br>vous êtes parti(e)(s)<br>ils (elles) sont parti(e)s | j' étais parti(e)<br>tu étais parti(e)<br>il (elle) était parti(e)<br>nous étions parti(e)s<br>vous étiez parti(e)(s)<br>ils (elles) étaient parti(e)s | je serai parti(e)<br>tu seras parti(e)<br>il (elle) sera parti(e)<br>nous serons parti(e)s<br>vous serez parti(e)(s)<br>ils (elles) seront parti(e)s |
| 53 | se lever →<br>s'être levé(e)(s) | être | je me suis levé(e)<br>tu t' es levé(e)<br>il (elle) s' est levé(e)<br>nous nous sommes levé(e)s<br>vous vous êtes levé(e)(s)<br>ils (elles) se sont levé(e)s | je m' étais levé(e)<br>tu t' étais levé(e)<br>il (elle) s' était levé(e)<br>nous nous étions levé(e)s<br>vous vous étiez levé(e)(s)<br>ils (elles) s' étaient levé(e)s | je me serai levé(e)<br>tu te seras levé(e)<br>il (elle) se sera levé(e)<br>nous nous serons levé(e)s<br>vous vous serez levé(e)(s)<br>ils (elles) se seront levé(e)s |

| 条件法 | | 接続法 | | 命令法 |
|---|---|---|---|---|
| 現在 | | 現在 | | |
| je | m' assiérais | je | m' asseye | |
| tu | t' assiérais | tu | t' asseyes | assieds-toi |
| il | s' assiérait | il | s' asseye | |
| nous | nous assiérions | nous | nous asseyions | asseyons-nous |
| vous | vous assiériez | vous | vous asseyiez | asseyez-vous |
| ils | s' assiéraient | ils | s' asseyent | |
| je | m' assoirais | je | m' assoie | |
| tu | t' assoirais | tu | t' assoies | assois-toi |
| il | s' assoirait | il | s' assoie | |
| nous | nous assoirions | nous | nous assoyions | assoyons-nous |
| vous | vous assoiriez | vous | vous assoyiez | assoyez-vous |
| ils | s' assoiraient | ils | s' assoient | |
| je | me tairais | je | me taise | |
| tu | te tairais | tu | te taises | tais-toi |
| il | se tairait | il | se taise | |
| nous | nous tairions | nous | nous taisions | taisons-nous |
| vous | vous tairiez | vous | vous taisiez | taisez-vous |
| ils | se tairaient | ils | se taisent | |

| 条件法 | | 接続法 | | 備考 |
|---|---|---|---|---|
| 過去 | | 過去 | | |
| j' | aurais mangé | j' | aie mangé | |
| tu | aurais mangé | tu | aies mangé | 他動詞のすべてと |
| il (elle) | aurait mangé | il (elle) | ait mangé | ほとんどの自動詞 |
| nous | aurions mangé | nous | ayons mangé | |
| vous | auriez mangé | vous | ayez mangé | |
| ils (elles) | auraient mangé | ils (elles) | aient mangé | |
| je | serais parti(e) | je | sois parti(e) | |
| tu | serais parti(e) | tu | sois parti(e) | |
| il (elle) | serait parti(e) | il (elle) | soit parti(e) | 一部の自動詞 |
| nous | serions parti(e)s | nous | soyons parti(e)s | |
| vous | seriez parti(e)(s) | vous | soyez parti(e)(s) | |
| ils (elles) | seraient parti(e)s | ils (elles) | soient parti(e)s | |
| je | me serais levé(e) | je | me sois levé(e) | |
| tu | te serais levé(e) | tu | te sois levé(e) | すべての代名動詞. |
| il (elle) | se serait levé(e) | il (elle) | se soit levé(e) | 再帰代名詞が間接目的語の |
| nous | nous serions levé(e)s | nous | nous soyons levé(e)s | 時は過去分詞は不変 |
| vous | vous seriez levé(e)(s) | vous | vous soyez levé(e)(s) | |
| ils (elles) | se seraient levé(e)s | ils (elles) | se soient levé(e)s | |

# 不規則動詞の語幹による不定詞の検索

添付の活用表について，特に不規則な変化形（接続法を除く）から不定詞を検索するために，［変化形／語幹 → 不定詞］を示す。

[例] aie, ayons, ayez → avoir は，aie, ayons, ayez の語が avoir の活用形であることを示し，buv- → boire は，語幹 buv- を含む活用形（たとえば buvons）が boire の活用形であることを示す。

| | | | |
|---|---|---|---|
| aie, ayons, ayez | → avoir | plai-, plais- | → plaire |
| assied-, assié-, assey- | → asseoir | peu- | → pouvoir |
| assis | → asseoir | plu | → plaire |
| assoi-, assoy- | → asseoir | plu | → pleuvoir |
| au- | → avoir | pour- | → pouvoir |
| bu | → boire | pren-, prenn- | → prendre |
| buv- | → boire | pris | → prendre |
| connu | → connaître | pu | → pouvoir |
| craign- | → craindre | puis | → pouvoir |
| cru | → croire | reçoi- | → recevoir |
| di-, dis-, dit, dit- | → dire | reçu | → recevoir |
| doi- | → devoir | ri, ri- | → rire |
| écriv- | → écrire | sach- | → savoir |
| emploie- | → employer | sai- | → savoir |
| envoie- | → envoyer | sau- | → savoir |
| es, est, êtes | → être | se- | → être |
| essaie- | → essayer | sois, soyons, soyez | → être |
| ét- | → être | sommes | → être |
| eu | → avoir | sont | → être |
| fais-, fait, fait- | → faire | su | → savoir |
| fallu | → falloir | sui-, suiv- | → suivre |
| faud- | → falloir | suis | → être |
| faut | → falloir | tai- | → taire |
| fe- | → faire | tu | → taire |
| font | → faire | vais, vas, va, vont | → aller |
| i- | → aller | vau-, vaud- | → valoir |
| li-, lis- | → lire | vécu | → vivre |
| lu | → lire | ver- | → voir |
| meur- | → mourir | veu- | → vouloir |
| mis | → mettre | vi-, viv- | → vivre |
| mort | → mourir | vien-, viend- | → venir |
| nais- | → naître | voud- | → vouloir |
| né | → naître | voulu | → vouloir |
| paie- | → payer | voy- | → voir |
| | | vu | → voir |

## 仏検公式基本語辞典 3級・4級・5級 新訂版

| 検印省略 | © 2020 年 9 月 30 日　初　版　発　行<br>2024 年 2 月 15 日　第 2 刷 発 行 |

| 編　集 | 公益財団法人 フランス語教育振興協会 |

編集責任者　北　村　　　卓

イラスト　渡　辺　絵　美

メディア・アート

吹　込　Claire Renoul

発行者　　　　　　　　　　　　　　　原　　雅　久

発行所　　　　　　　　　　　　株式会社 朝 日 出 版 社

〒 101-0065　東京都千代田区西神田 3-3-5

電話 (03) 3239-0271・72（直通）

振替口座　東京 00140-2-46008

http://www.asahipress.com

欧友社／図書印刷

乱丁・落丁本はお取り替えいたします.

ISBN978-4-255-01204-9 C0085

本書の一部あるいは全部を無断で複写複製（撮影・デジタル化を含む）
及び転載することは，法律上で認められた場合を除き，禁じられています.

FRANCE

BELGIQUE

ALLEMAGNE

Reims

LUXEMBOURG

CHAMPAGNE

LORRAINE

Strasbourg

la Seine

ALSACE

BOURGOGNE

FRANCHE
COMTÉ

Dijon

Besançon

SUISSE

RHÔNE ALPES

Lyon

Grenoble

ITALIE

le Rhône

PROVENCE

Avignon

Arles

CÔTE D'AZUR

MONACO

Aix-en-Provence

Nice

Marseille

Cannes

MER MÉDITERRANÉE

# CDとイラストで
# 自然に身に付くフランス語

## CD・イラストで覚える
# フランス語基本500語
### 文部科学省認定 仏検対応

公益財団法人 フランス語教育振興協会 編

A5判／250頁／定価（本体1900円＋税）　ISBN978-4-255-98036-5

**5つの特色**

1. まず覚えたい500語
2. 品詞ごとの配列
3. ひと目でわかる名詞と冠詞、動詞の活用
4. 記憶に残るイラストつきの例文
5. 聞き取りに役立つCD付き

 朝日出版社　〒101-0065　東京都千代田区西神田3-3-5
TEL03-3239-0271　http://www.asahipress.com/